Livre de donnees sur le tir sportif

Ce livre fait partie de :

_____

_____

_____

_____

Ce livre de tir sportif de qualité supérieure, pratique et facile à utiliser, avec une couverture moderne et de qualité supérieure pour les tireurs, les tireurs, les tireurs, les tireurs, est conçu de manière professionnelle pour vous aider à tenir des registres détaillés des dates, heures, lieu, arme à feu, type de viseur, munitions, profondeur d'assise, distance, poudre, amorce, laiton, pages de tableau.

Livre de données sur le tir sportif

📅 Date: _____ 🕐 Temps: _____

📍 Localisation: _____

Conditions météorologiques

☀️ ☁️ 🌤️ 🌧️ 🌧️ 🌨️ 🚩 🌡️
☐   ☐   ☐   ☐   ☐   ☐   _____

Armes à feu:	
Balle:	Profondeur d'assise:
Poudre:	Céréales:
L'abécédaire:	
Laiton:	
Distance:	

Résultats globaux

☐ Mauvais   ☐ Juste   ☐ Bon   ☐ Excellent

Notes complémentaires

_____
_____
_____

☆ ☆ ☆ ☆ ☆

Une idée de cadeau parfaite pour les débutants et les professionnels

Livre de données sur le tir sportif

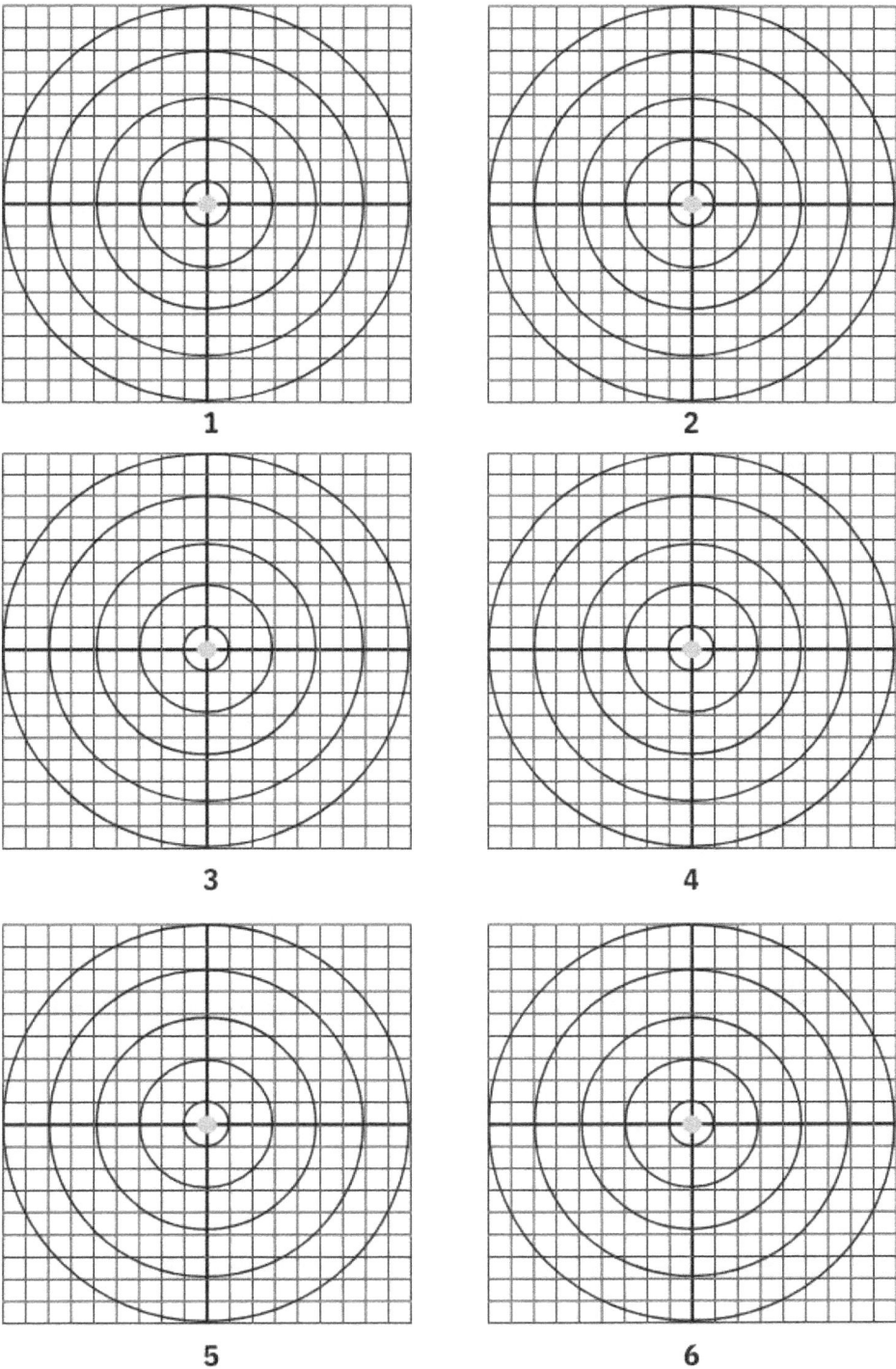

Une idée de cadeau parfaite pour les débutants et les professionnels

Livre de données sur le tir sportif

📅 Date: _____ 🕐 Temps: _____

📍 Localisation: _____

Conditions météorologiques

☀ ☁ 🌤 ☁ ☁ 🌧 🚩 🌡
☐ ☐ ☐ ☐ ☐ ☐

Armes à feu:	
Balle:	Profondeur d'assise:
Poudre:	Céréales:
L'abécédaire:	
Laiton:	
Distance:	

Résultats globaux

☐ Mauvais ☐ Juste ☐ Bon ☐ Excellent

Notes complémentaires

_____
_____
_____

☆ ☆ ☆ ☆ ☆

Une idée de cadeau parfaite pour les débutants et les professionnels

Livre de données sur le tir sportif

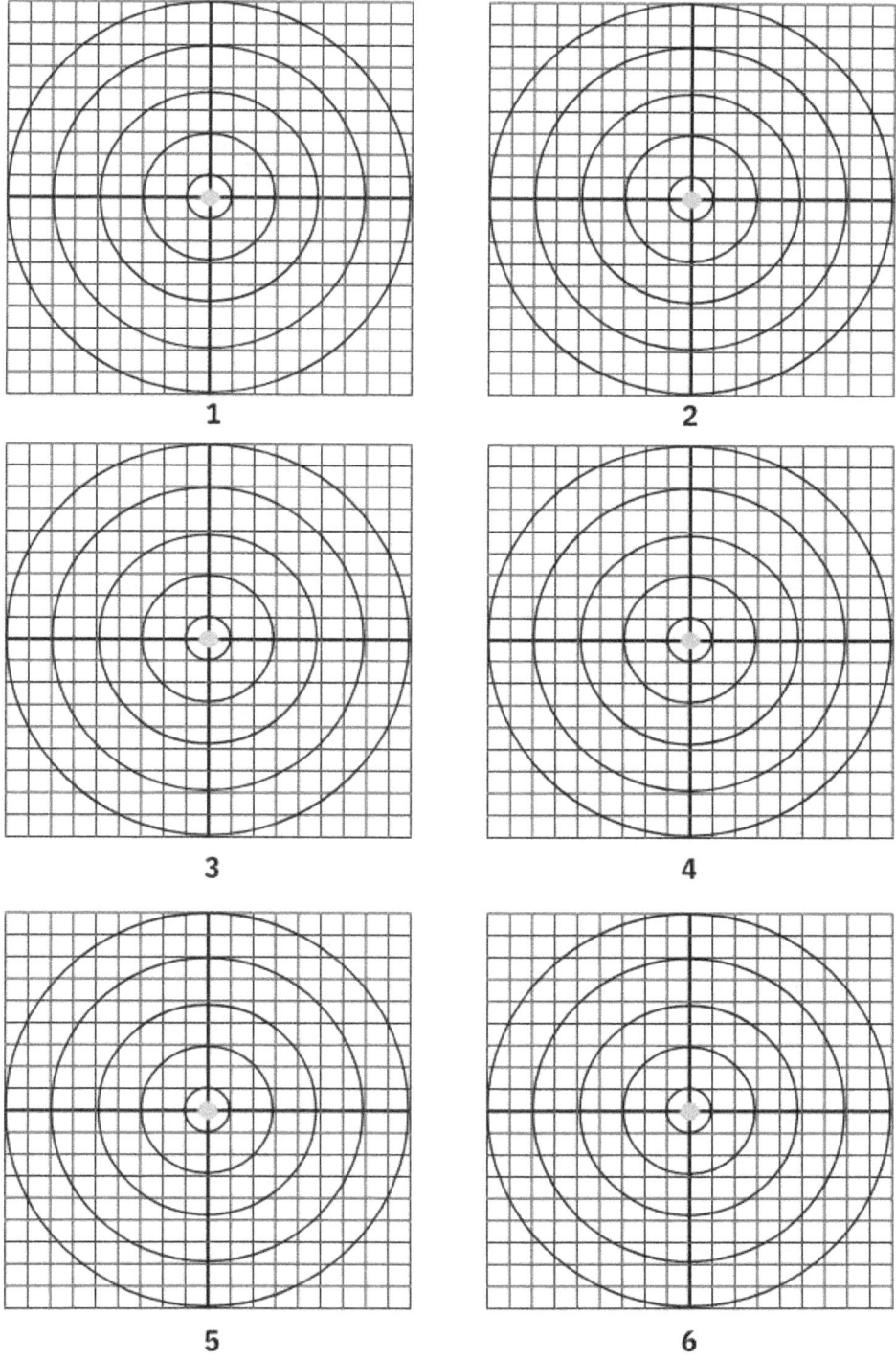

Une idée de cadeau parfaite pour les débutants et les professionnels

Livre de données sur le tir sportif

📅 Date: _____ 🕐 Temps: _____

📍 Localisation: _____

Conditions météorologiques

☀️ ☁️ 🌦️ ☁️ 🌧️ 🌨️ 🚩 🌡️
☐ ☐ ☐ ☐ ☐ ☐

Armes à feu:	
Balle:	Profondeur d'assise:
Poudre:	Céréales:
L'abécédaire:	
Laiton:	
Distance:	

Résultats globaux

☐ Mauvais   ☐ Juste   ☐ Bon   ☐ Excellent

Notes complémentaires

_____
_____
_____

☆ ☆ ☆ ☆ ☆

Une idée de cadeau parfaite pour les débutants et les professionnels

Livre de données sur le tir sportif

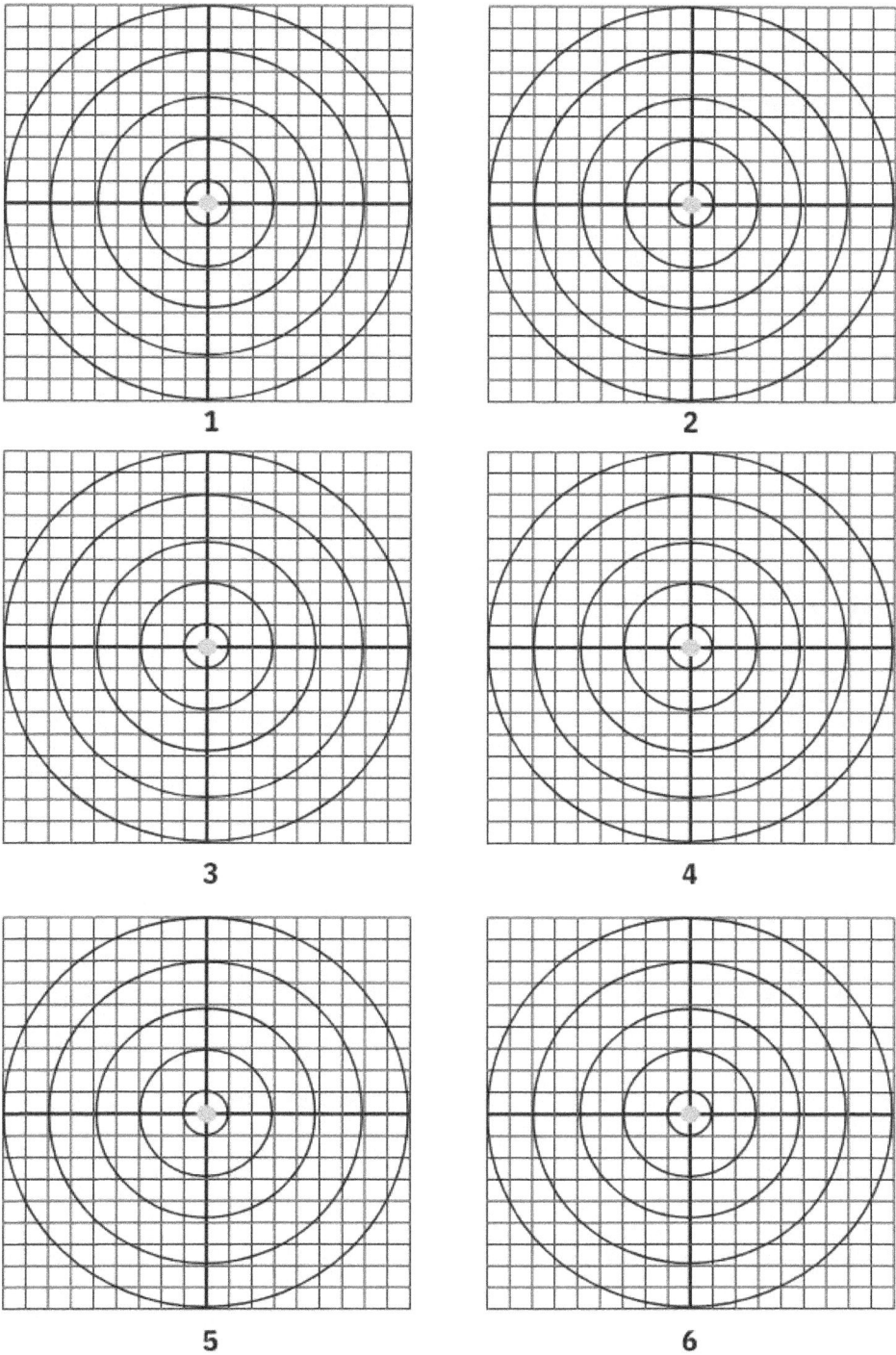

Une idée de cadeau parfait pour les débutants et les professionnels

Livre de données sur le tir sportif

📅 Date: _____   🕐 Temps: _____

📍 Localisation: _____

Conditions météorologiques

☀️ ☐   ☁️ ☐   🌤️ ☐   🌧️ ☐   🌧️ ☐   🌨️ ☐   🚩 _____   🌡️

Armes à feu:	
Balle:	Profondeur d'assise:
Poudre:	Céréales:
L'abécédaire:	
Laiton:	
Distance:	

Résultats globaux

☐ Mauvais   ☐ Juste   ☐ Bon   ☐ Excellent

Notes complémentaires

_____
_____
_____

☆ ☆ ☆ ☆ ☆

Une idée de cadeau parfaite pour les débutants et les professionnels

Livre de données sur le tir sportif

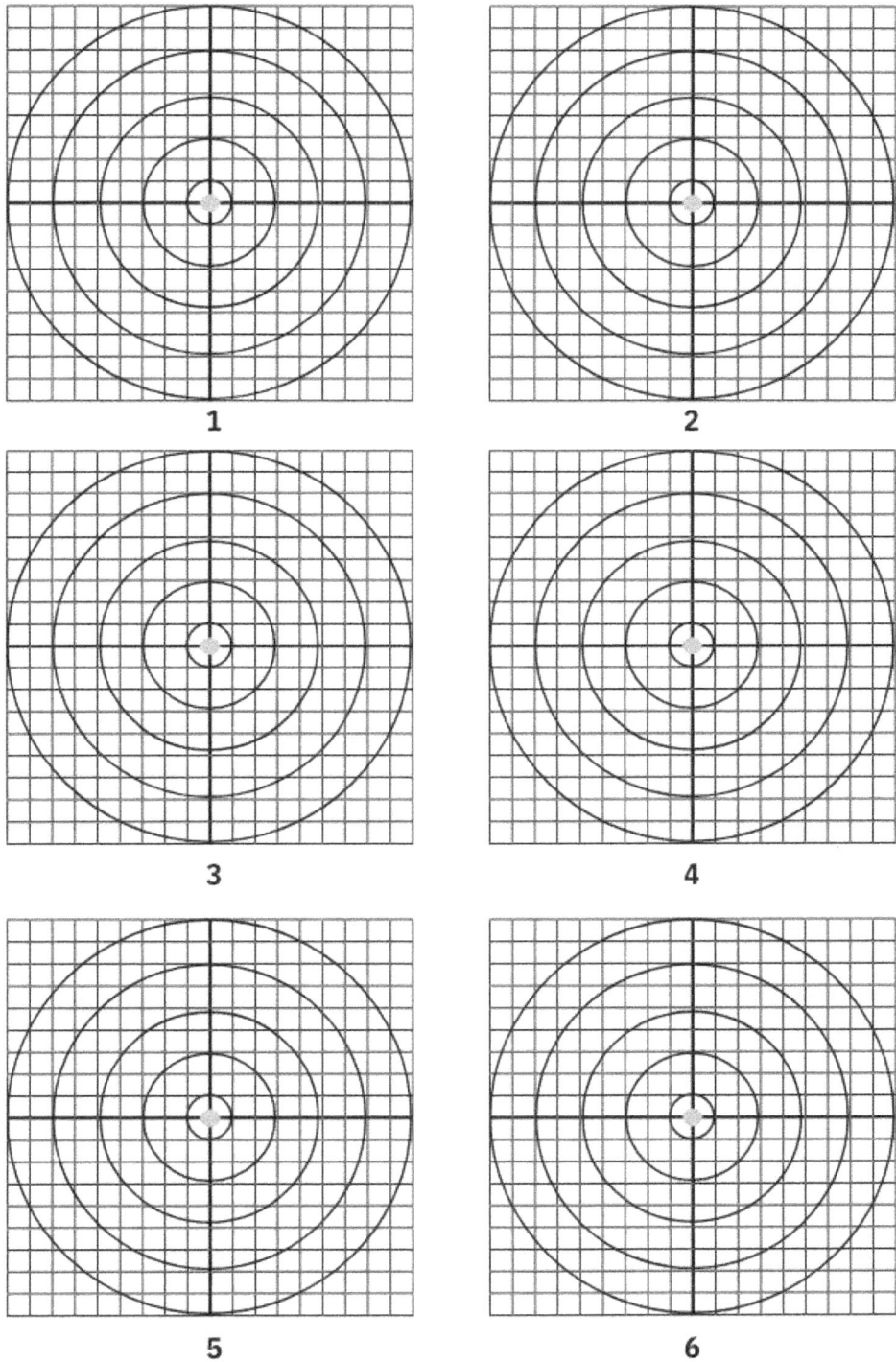

Une idée de cadeau parfaite pour les débutants et les professionnels

Livre de données sur le tir sportif

📅 Date: _____   🕐 Temps: _____

📍 Localisation: _____

Conditions météorologiques

☀ ☁ 🌤 ☁ 🌧 🌨 🚩 🌡
☐ ☐ ☐ ☐ ☐ ☐

Armes à feu:	
Balle:	Profondeur d'assise:
Poudre:	Céréales:
L'abécédaire:	
Laiton:	
Distance:	

Résultats globaux

☐ Mauvais   ☐ Juste   ☐ Bon   ☐ Excellent

Notes complémentaires

_____
_____
_____

☆ ☆ ☆ ☆ ☆

Une idée de cadeau parfaite pour les débutants et les professionnels

Livre de données sur le tir sportif

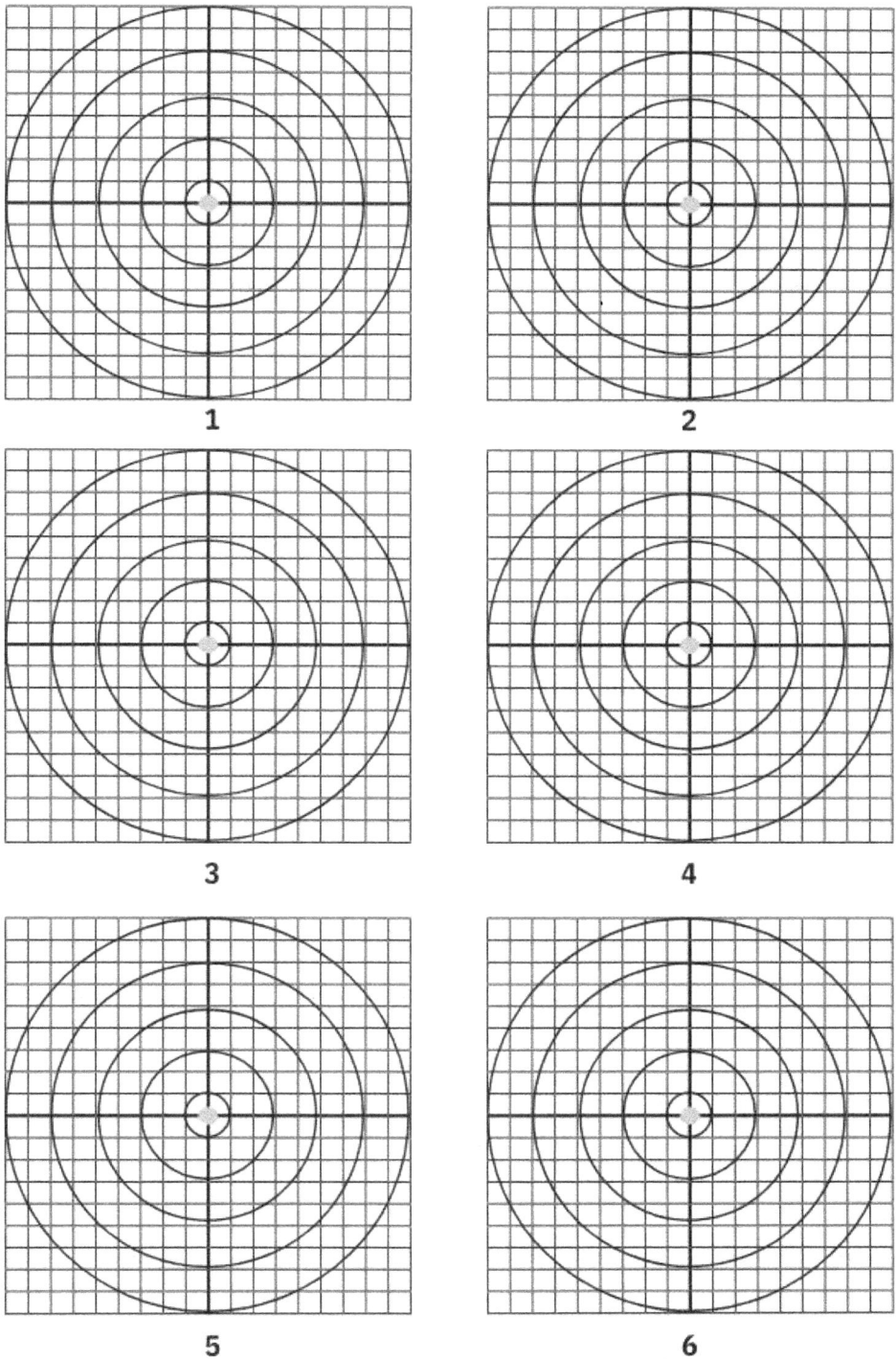

Une idée de cadeau parfaite pour les débutants et les professionnels

Livre de données sur le tir sportif

📅 Date: _____ 🕐 Temps: _____

📍 Localisation: _____

Conditions météorologiques

☀ ☁ ⛅ ☁ ☁ 🌧 🚩 🌡
☐ ☐ ☐ ☐ ☐ ☐

Armes à feu:	
Balle:	Profondeur d'assise:
Poudre:	Céréales:
L'abécédaire:	
Laiton:	
Distance:	

Résultats globaux

☐ Mauvais ☐ Juste ☐ Bon ☐ Excellent

Notes complémentaires

_____
_____
_____

☆ ☆ ☆ ☆ ☆

Une idée de cadeau parfaite pour les débutants et les professionnels

Livre de données sur le tir sportif

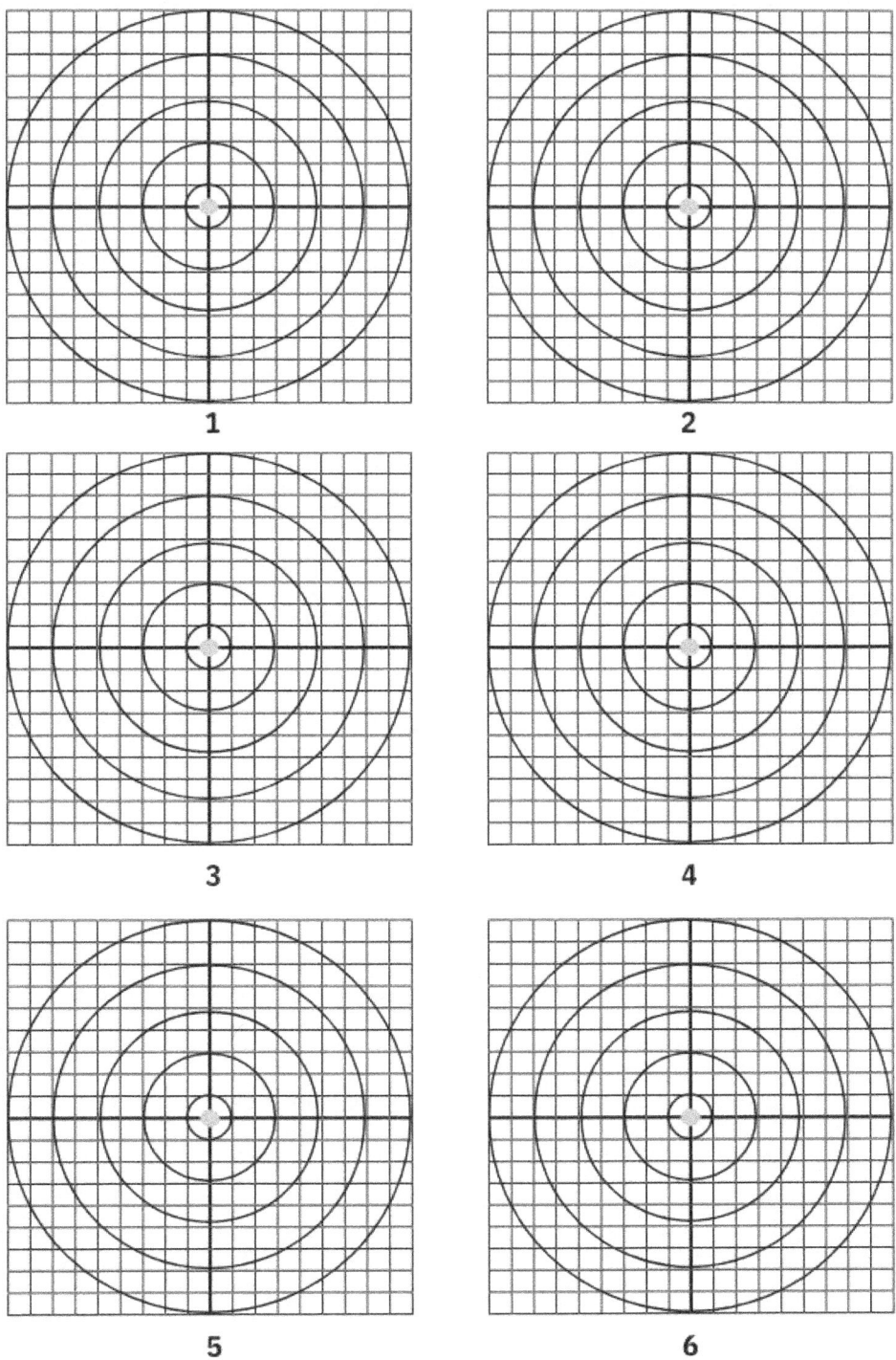

Une idée de cadeau parfaite pour les débutants et les professionnels

Livre de données sur le tir sportif

📅 Date: _____ 🕐 Temps: _____

📍 Localisation: _____

Conditions météorologiques

☀ ☁ 🌤 🌥 🌧 🌨 🚩 🌡
☐ ☐ ☐ ☐ ☐ ☐

Armes à feu:	
Balle:	Profondeur d'assise:
Poudre:	Céréales:
L'abécédaire:	
Laiton:	
Distance:	

Résultats globaux

☐ Mauvais ☐ Juste ☐ Bon ☐ Excellent

Notes complémentaires

_____
_____

☆ ☆ ☆ ☆ ☆

Une idée de cadeau parfaite pour les débutants et les professionnels

Livre de données sur le tir sportif

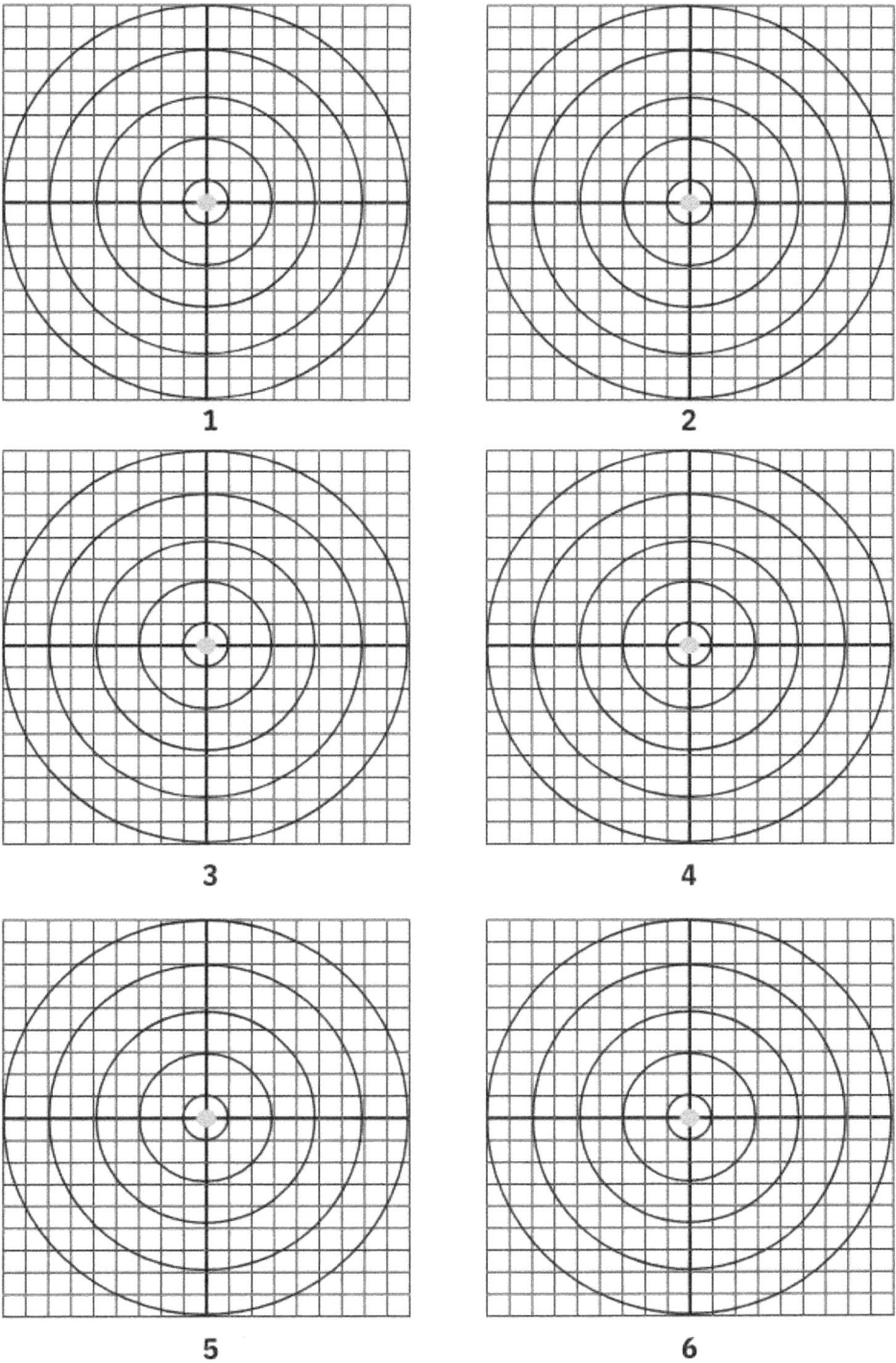

Une idée de cadeau parfaite pour les débutants et les professionnels

Livre de données sur le tir sportif

📅 Date: _____ 🕐 Temps: _____

📍 Localisation: _____

Conditions météorologiques

☀️ ☁️ ⛅ ☁️ 🌧️ 🌨️ 🚩 🌡️
☐ ☐ ☐ ☐ ☐ ☐

Armes à feu:	
Balle:	Profondeur d'assise:
Poudre:	Céréales:
L'abécédaire:	
Laiton:	
Distance:	

Résultats globaux

☐ Mauvais ☐ Juste ☐ Bon ☐ Excellent

Notes complémentaires

_____
_____
_____

☆ ☆ ☆ ☆ ☆

Une idée de cadeau parfaite pour les débutants et les professionnels

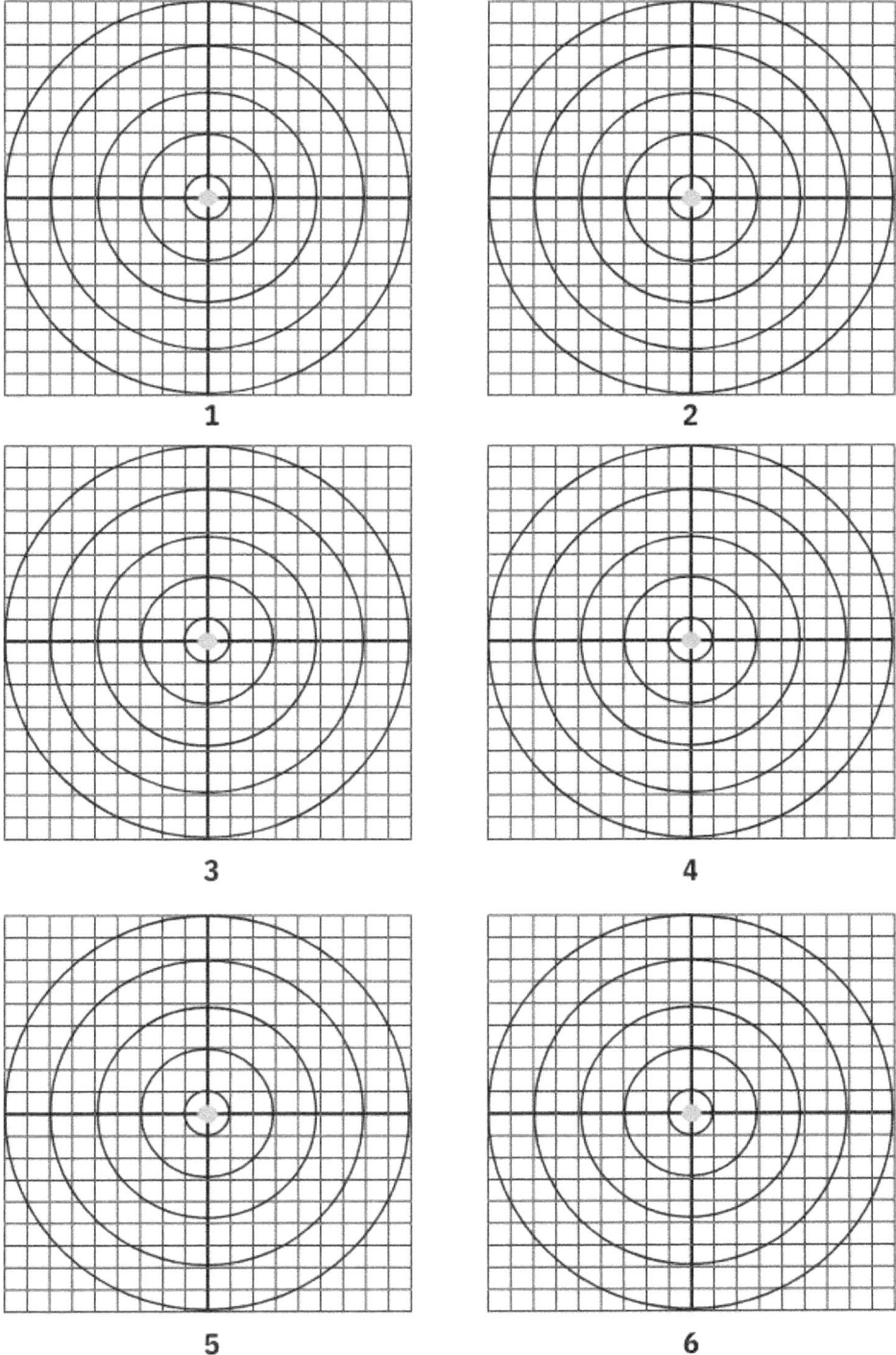

Livre de données sur le tir sportif

Date: _____ Temps: _____

Localisation: _____

Conditions météorologiques

☐ ☐ ☐ ☐ ☐ ☐

Armes à feu:	
Balle:	Profondeur d'assise:
Poudre:	Céréales:
L'abécédaire:	
Laiton:	
Distance:	

Résultats globaux

☐ Mauvais ☐ Juste ☐ Bon ☐ Excellent

Notes complémentaires

_____

_____

_____

☆ ☆ ☆ ☆ ☆

Une idée de cadeau parfaite pour les débutants et les professionnels

Livre de données sur le tir sportif

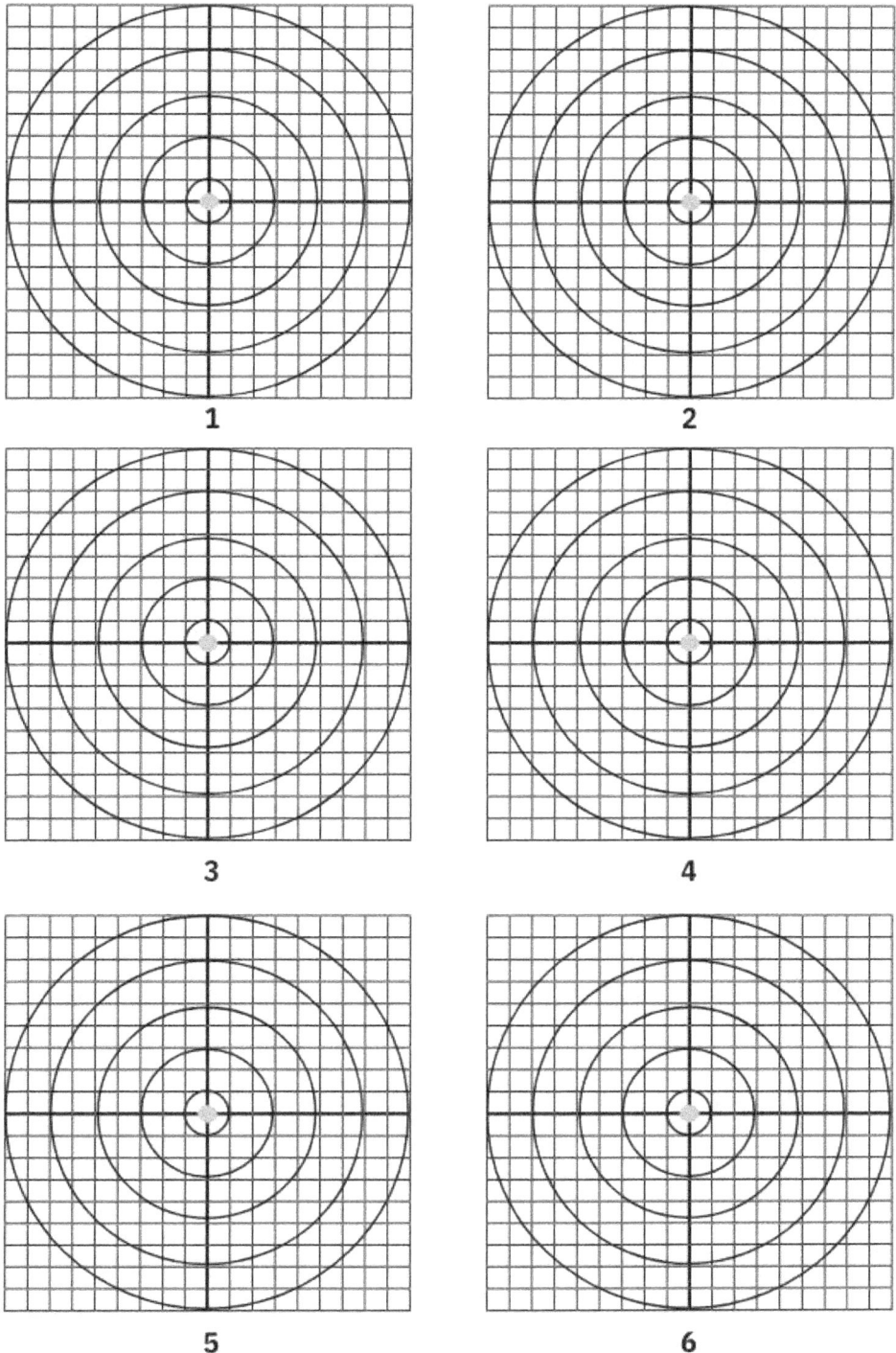

Une idée de cadeau parfaite pour les débutants et les professionnels

Livre de données sur le tir sportif

📅 Date: _____ 🕐 Temps: _____

📍 Localisation: _____

Conditions météorologiques

☀️ ☁️ ⛅ 🌧️ 🌧️ 🌨️ 🚩 🌡️
☐ ☐ ☐ ☐ ☐ ☐ _____

Armes à feu:	
Balle:	Profondeur d'assise:
Poudre:	Céréales:
L'abécédaire:	
Laiton:	
Distance:	

Résultats globaux

☐ Mauvais ☐ Juste ☐ Bon ☐ Excellent

Notes complémentaires

_____
_____

☆ ☆ ☆ ☆ ☆

Une idée de cadeau parfaite pour les débutants et les professionnels

Livre de données sur le tir sportif

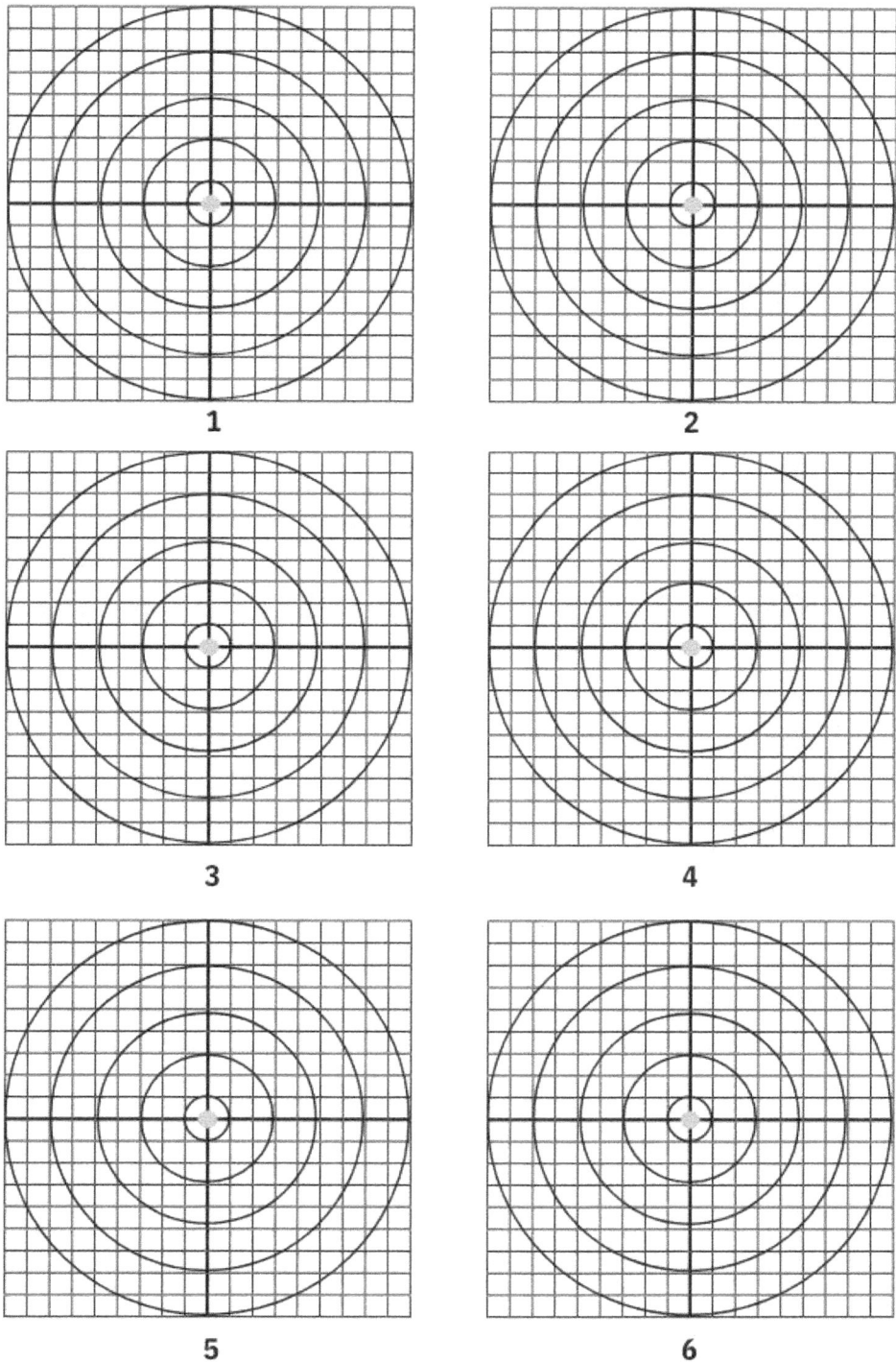

Une idée de cadeau parfaite pour les débutants et les professionnels

Livre de données sur le tir sportif

📅 Date: _____   🕐 Temps: _____

📍 Localisation: _____

Conditions météorologiques

☀️ ☁️ 🌤️ ☁️ ☁️ 🌧️ 🚩 🌡️
☐ ☐ ☐ ☐ ☐ ☐

Armes à feu:	
Balle:	Profondeur d'assise:
Poudre:	Céréales:
L'abécédaire:	
Laiton:	
Distance:	

Résultats globaux

☐ Mauvais ☐ Juste ☐ Bon ☐ Excellent

Notes complémentaires

_____
_____

☆ ☆ ☆ ☆ ☆

Une idée de cadeau parfaite pour les débutants et les professionnels

Livre de données sur le tir sportif

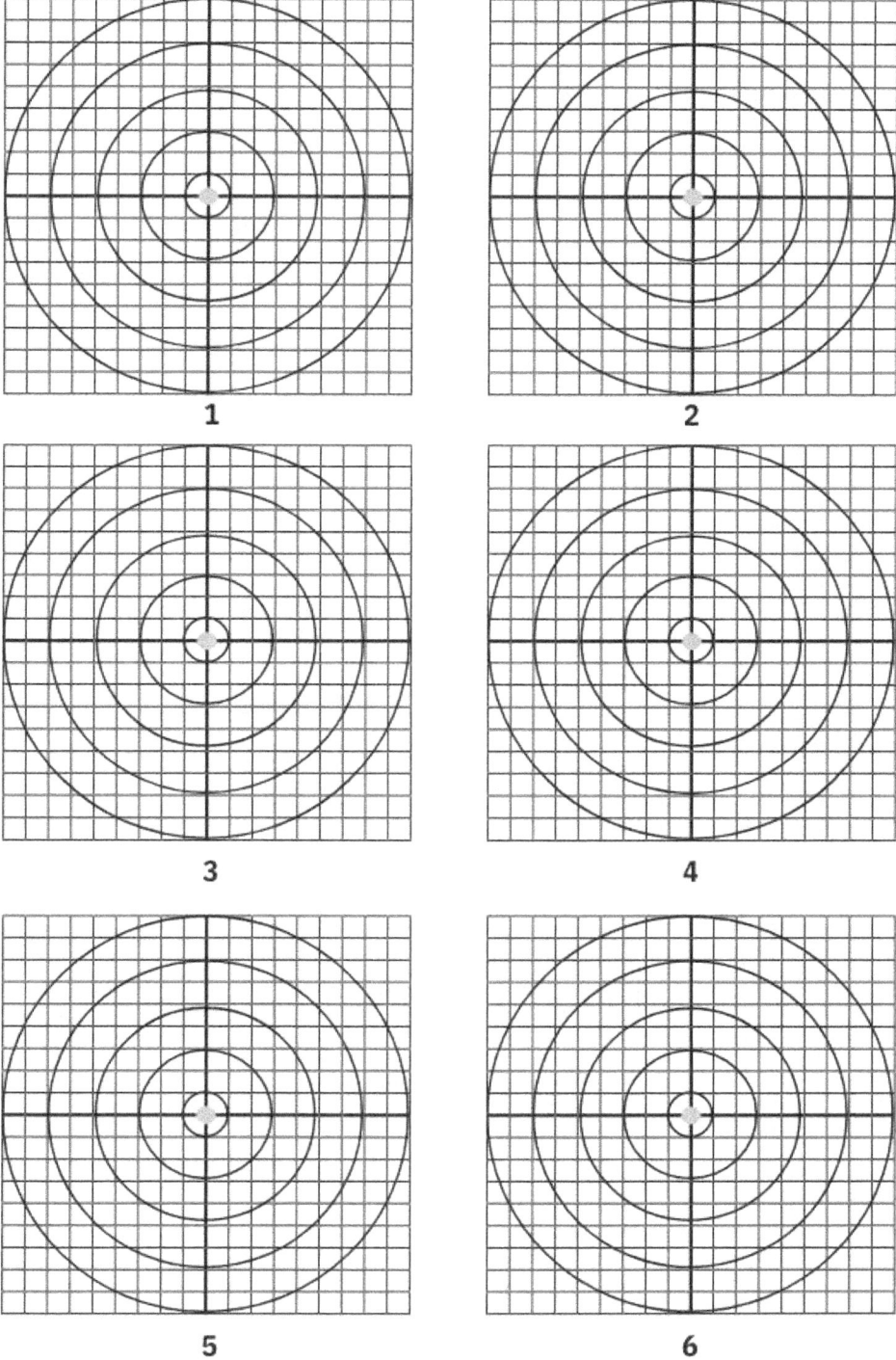

Une idée de cadeau parfaite pour les débutants et les professionnels

Livre de données sur le tir sportif

📅 Date: _____ 🕐 Temps: _____

📍 Localisation: _____

Conditions météorologiques

☀️ ☁️ 🌤️ ☁️ 🌧️ 🌨️ 🚩 🌡️
☐ ☐ ☐ ☐ ☐ ☐

Armes à feu:	
Balle:	Profondeur d'assise:
Poudre:	Céréales:
L'abécédaire:	
Laiton:	
Distance:	

Résultats globaux

☐ Mauvais ☐ Juste ☐ Bon ☐ Excellent

Notes complémentaires

_____
_____
_____

☆ ☆ ☆ ☆ ☆

Une idée de cadeau parfaite pour les débutants et les professionnels

Livre de données sur le tir sportif

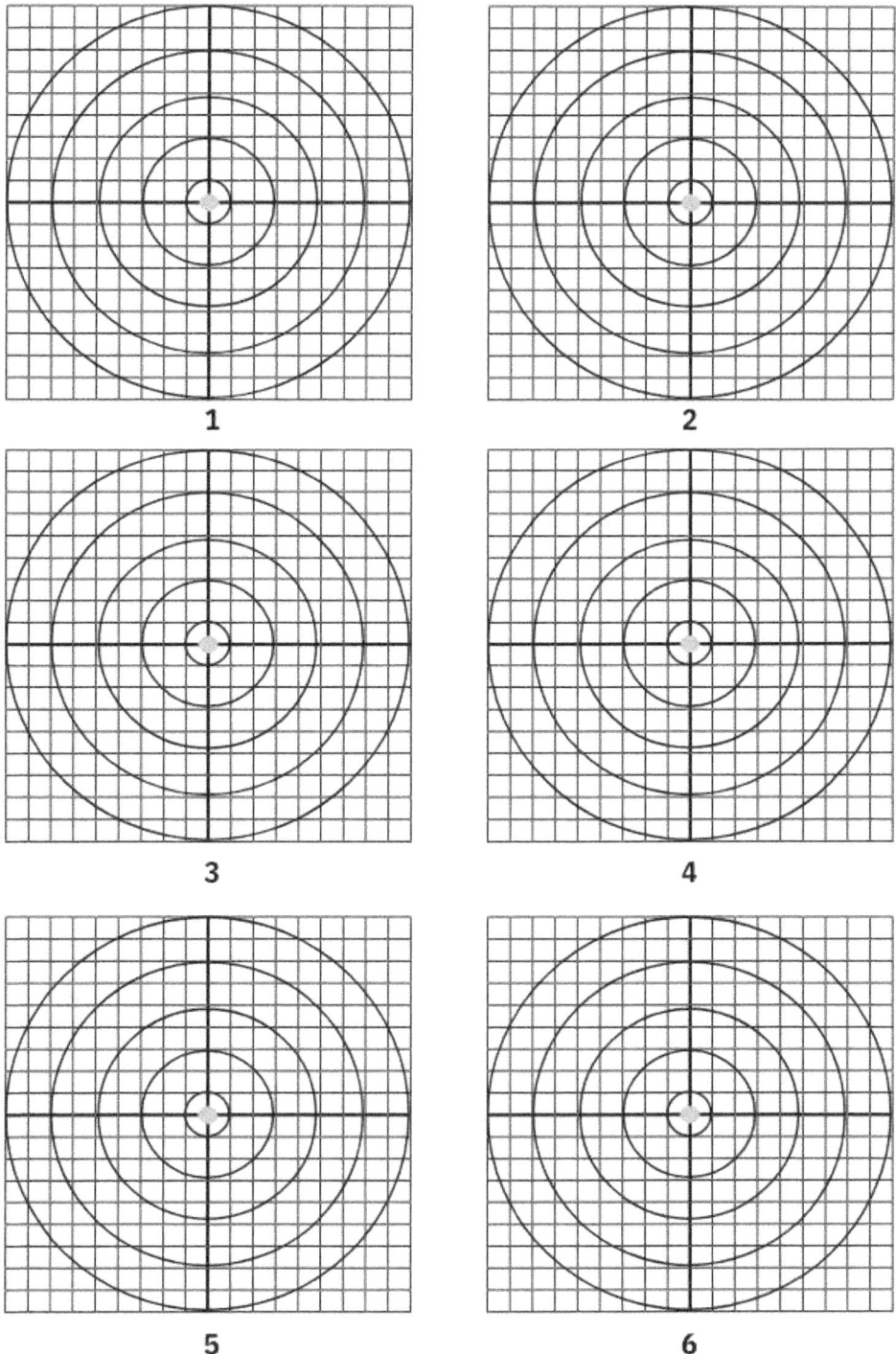

Une idée de cadeau parfaite pour les débutants et les professionnels

Livre de données sur le tir sportif

📅 Date: _____   🕐 Temps: _____

📍 Localisation: _____

Conditions météorologiques

☀ ☁ ⛅ ☁ 🌧 🌨 🚩 🌡
☐ ☐ ☐ ☐ ☐ ☐ ☐

Armes à feu:	
Balle:	Profondeur d'assise:
Poudre:	Céréales:
L'abécédaire:	
Laiton:	
Distance:	

Résultats globaux

☐ Mauvais   ☐ Juste   ☐ Bon   ☐ Excellent

Notes complémentaires

_____
_____
_____

☆ ☆ ☆ ☆ ☆

Une idée de cadeau parfaite pour les débutants et les professionnels

Livre de données sur le tir sportif

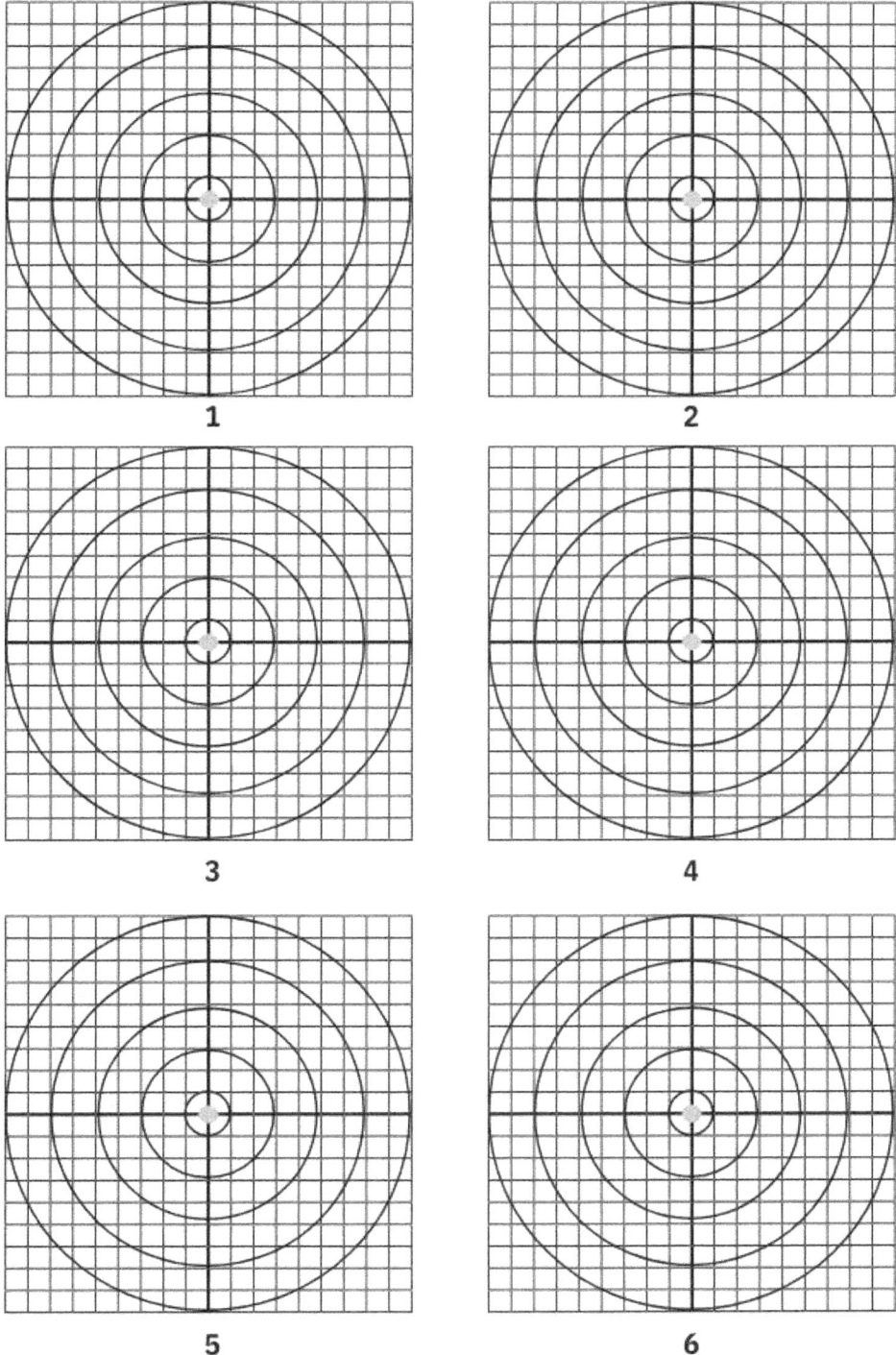

Une idée de cadeau parfaite pour les débutants et les professionnels

Livre de données sur le tir sportif

📅 Date: _____   🕐 Temps: _____

📍 Localisation: _____

Conditions météorologiques

☀️ ☁️ 🌤️ ☁️ 🌧️ 🌨️ 🚩 🌡️
☐ ☐ ☐ ☐ ☐ ☐ _____

Armes à feu:	
Balle:	Profondeur d'assise:
Poudre:	Céréales:
L'abécédaire:	
Laiton:	
Distance:	

Résultats globaux

☐ Mauvais   ☐ Juste   ☐ Bon   ☐ Excellent

Notes complémentaires

_____

_____

_____

☆ ☆ ☆ ☆ ☆

Une idée de cadeau parfaite pour les débutants et les professionnels

Livre de données sur le tir sportif

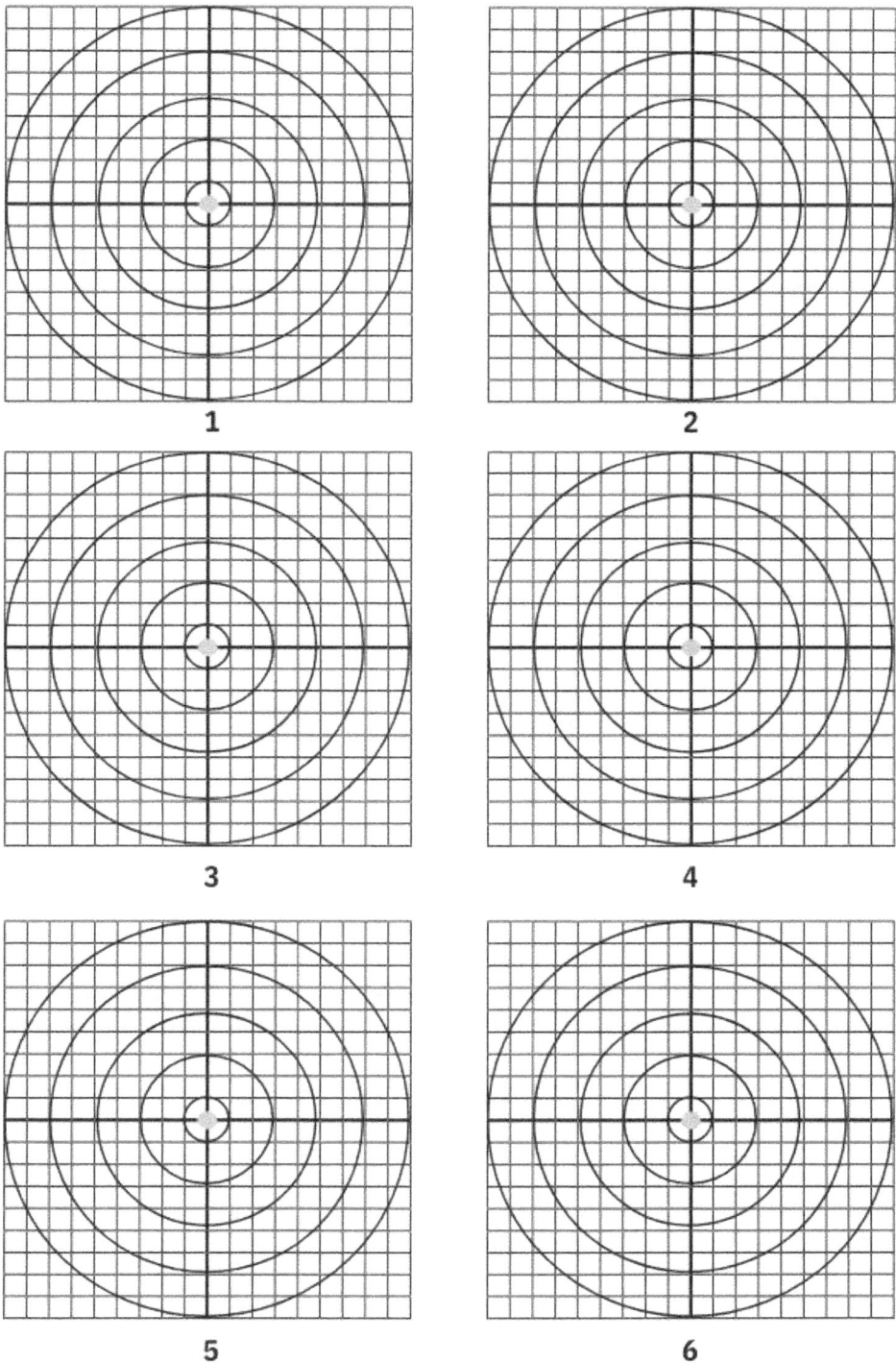

Une idée de cadeau parfaite pour les débutants et les professionnels

Livre de données sur le tir sportif

📅 Date: _____ 🕐 Temps: _____

📍 Localisation: _____

Conditions météorologiques

☀️ ☁️ ⛅ 🌥️ 🌧️ 🌨️ 🚩 🌡️
☐ ☐ ☐ ☐ ☐ ☐

Armes à feu:	
Balle:	Profondeur d'assise:
Poudre:	Céréales:
L'abécédaire:	
Laiton:	
Distance:	

Résultats globaux

☐ Mauvais   ☐ Juste   ☐ Bon   ☐ Excellent

Notes complémentaires

_____
_____
_____

☆ ☆ ☆ ☆ ☆

Une idée de cadeau parfaite pour les débutants et les professionnels

Livre de données sur le tir sportif

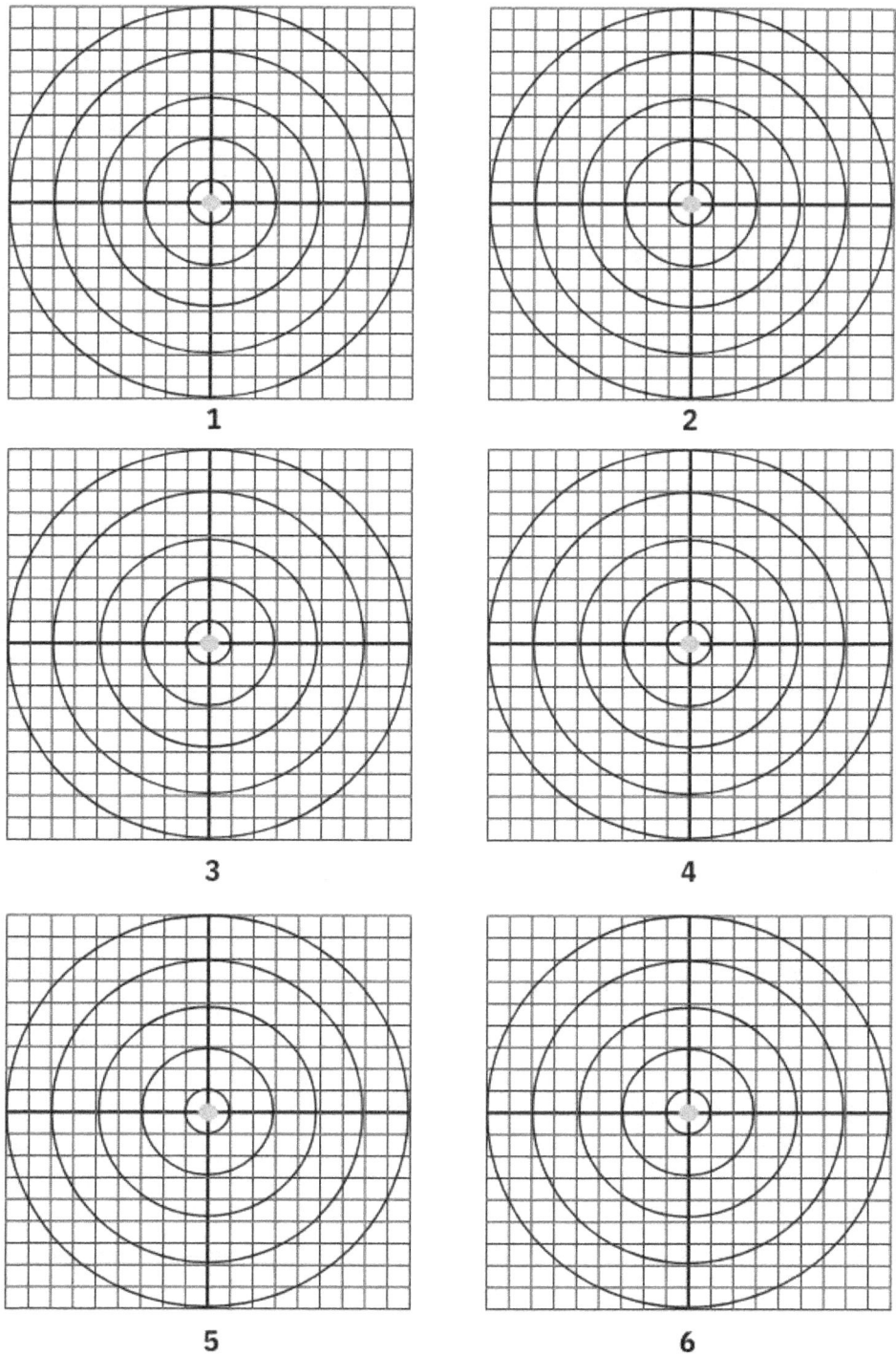

Une idée de cadeau parfaite pour les débutants et les professionnels

Livre de données sur le tir sportif

📅 Date: _____   🕐 Temps: _____

📍 Localisation: _____

Conditions météorologiques

☀ ☐   ☁ ☐   ⛅ ☐   🌧 ☐   🌧 ☐   🌨 ☐   🚩 _____   🌡

Armes à feu:	
Balle:	Profondeur d'assise:
Poudre:	Céréales:
L'abécédaire:	
Laiton:	
Distance:	

Résultats globaux

☐ Mauvais   ☐ Juste   ☐ Bon   ☐ Excellent

Notes complémentaires

_____
_____

☆ ☆ ☆ ☆ ☆

Une idée de cadeau parfaite pour les débutants et les professionnels

Livre de données sur le tir sportif

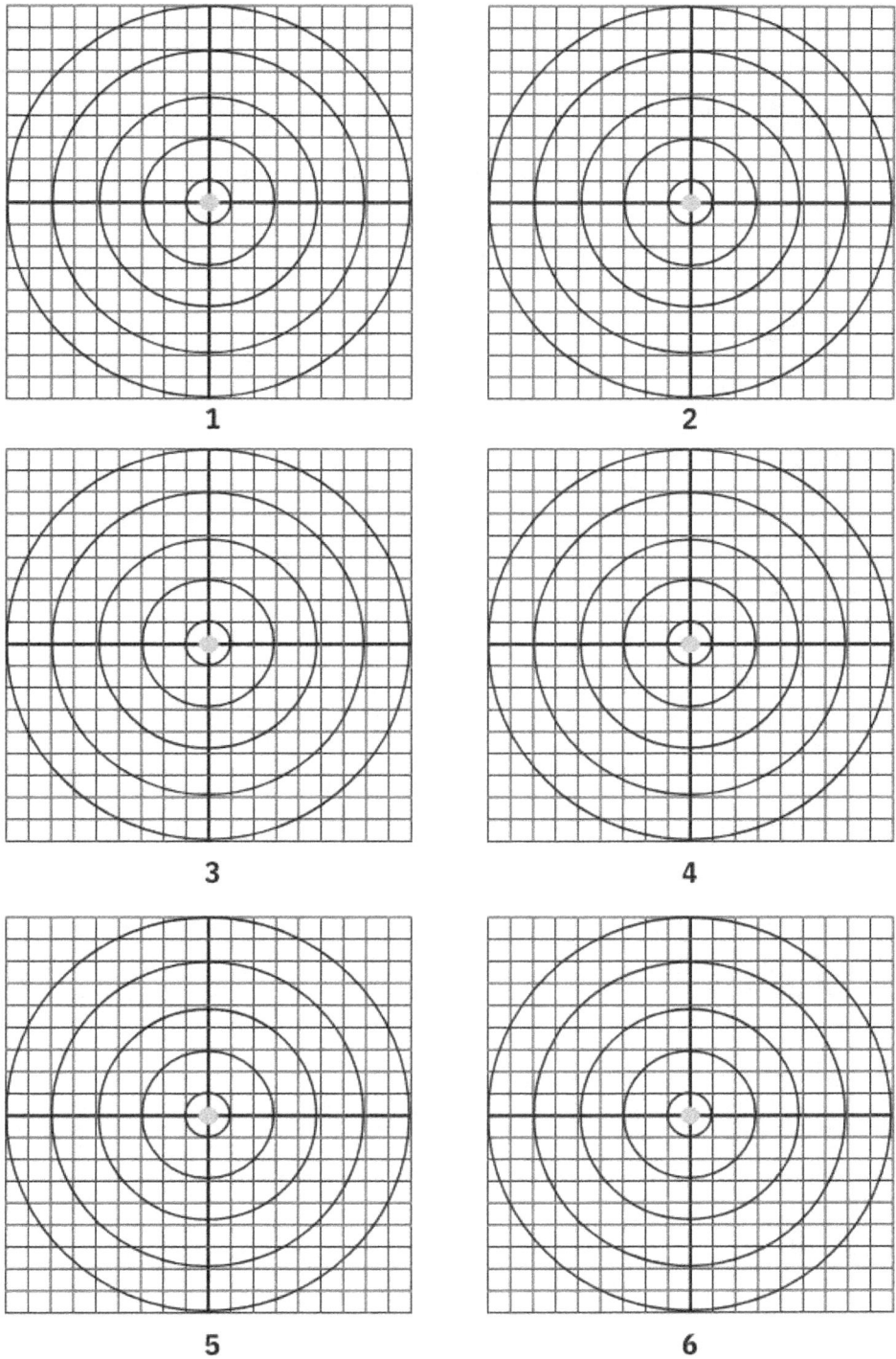

Une idée de cadeau parfaite pour les débutants et les professionnels

Livre de données sur le tir sportif

📅 Date: _____   🕐 Temps: _____

📍 Localisation: _____

Conditions météorologiques

☀️ ☁️ 🌦️ ☁️ 🌧️ 🌨️ 🚩 🌡️
☐ ☐ ☐ ☐ ☐ ☐ ___ ___

Armes à feu:	
Balle:	Profondeur d'assise:
Poudre:	Céréales:
L'abécédaire:	
Laiton:	
Distance:	

Résultats globaux

☐ Mauvais   ☐ Juste   ☐ Bon   ☐ Excellent

Notes complémentaires

_____
_____
_____

☆ ☆ ☆ ☆ ☆

Une idée de cadeau parfaite pour les débutants et les professionnels

Livre de données sur le tir sportif

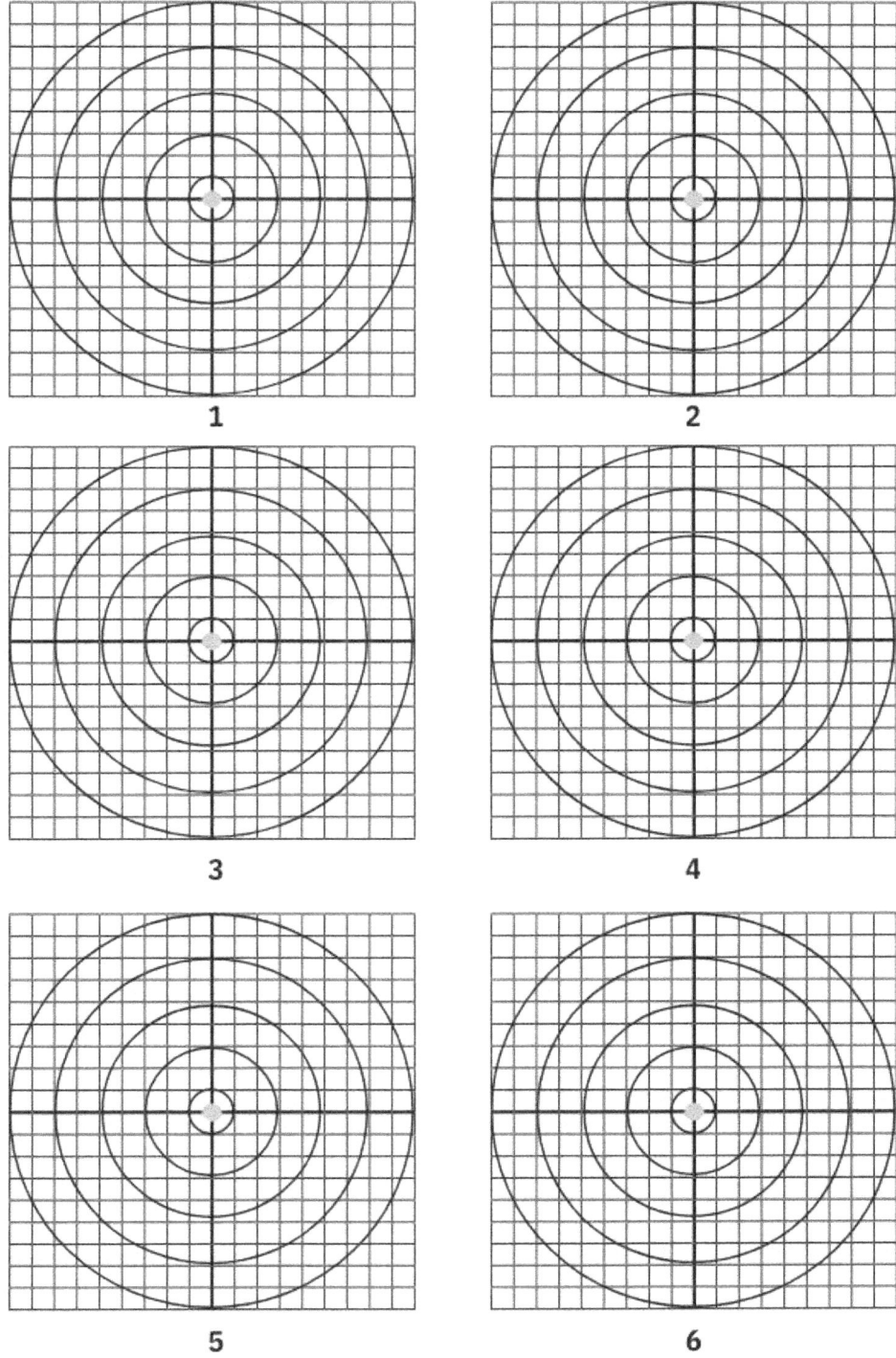

Une idée de cadeau parfaite pour les débutants et les professionnels

Livre de données sur le tir sportif

📅 Date: _____ 🕐 Temps: _____

📍 Localisation: _____

Conditions météorologiques

☀ ☁ ⛅ 🌥 ☁ 🌧 🚩 🌡
☐ ☐ ☐ ☐ ☐ ☐

Armes à feu:	
Balle:	Profondeur d'assise:
Poudre:	Céréales:
L'abécédaire:	
Laiton:	
Distance:	

Résultats globaux

☐ Mauvais ☐ Juste ☐ Bon ☐ Excellent

Notes complémentaires

_____
_____
_____

☆ ☆ ☆ ☆ ☆

Une idée de cadeau parfaite pour les débutants et les professionnels

Livre de données sur le tir sportif

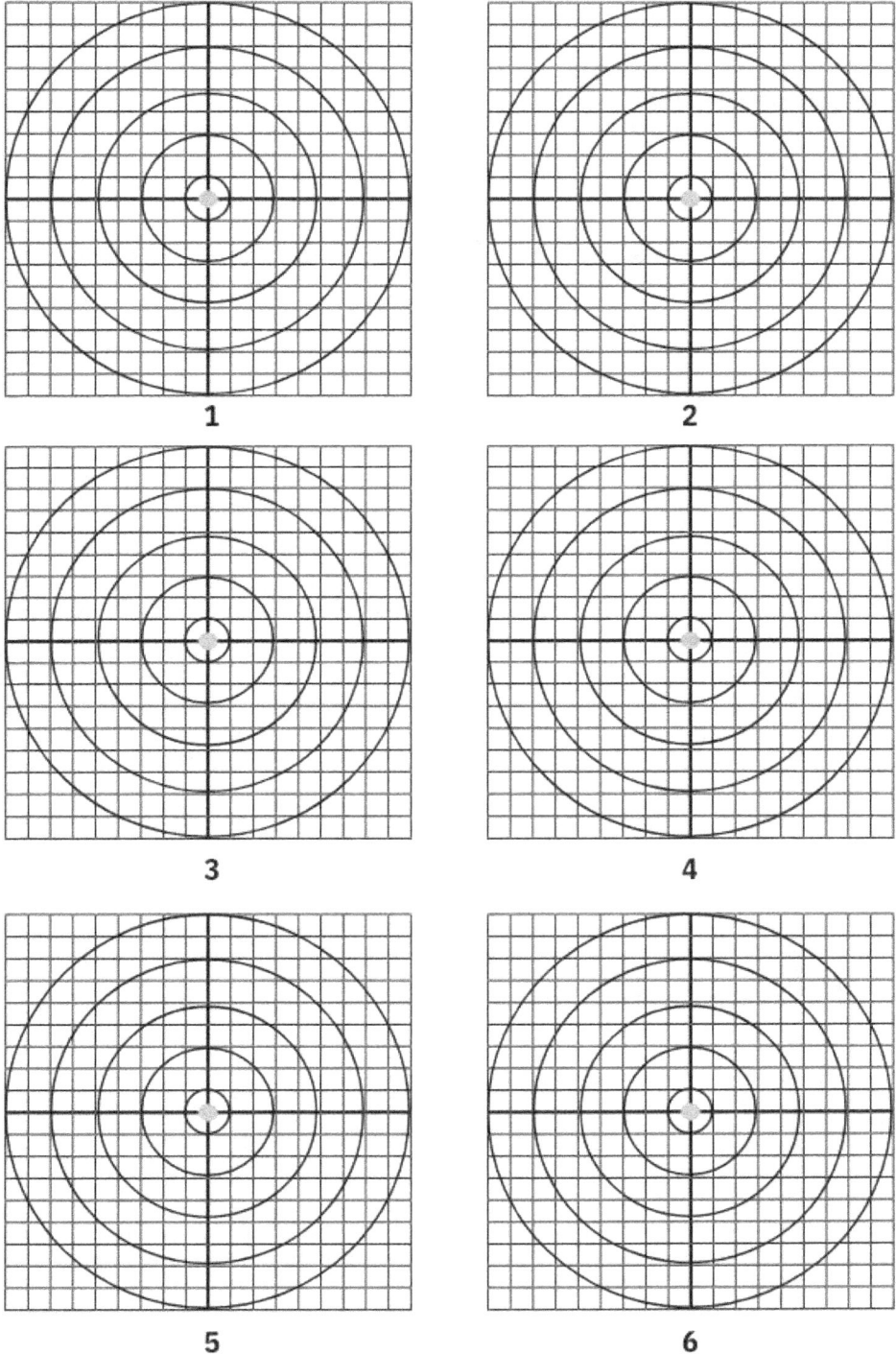

Une idée de cadeau parfaite pour les débutants et les professionnels

Livre de données sur le tir sportif

📅 Date: _____ 🕐 Temps: _____

📍 Localisation: _____

Conditions météorologiques

☀️ ☁️ 🌤️ 🌧️ ⛈️ 🌨️ 🚩 🌡️
☐   ☐   ☐   ☐   ☐   ☐   _____

Armes à feu:	
Balle:	Profondeur d'assise:
Poudre:	Céréales:
L'abécédaire:	
Laiton:	
Distance:	

Résultats globaux

☐ Mauvais ☐ Juste ☐ Bon ☐ Excellent

Notes complémentaires

_____
_____
_____

☆ ☆ ☆ ☆ ☆

Une idée de cadeau parfaite pour les débutants et les professionnels

Livre de données sur le tir sportif

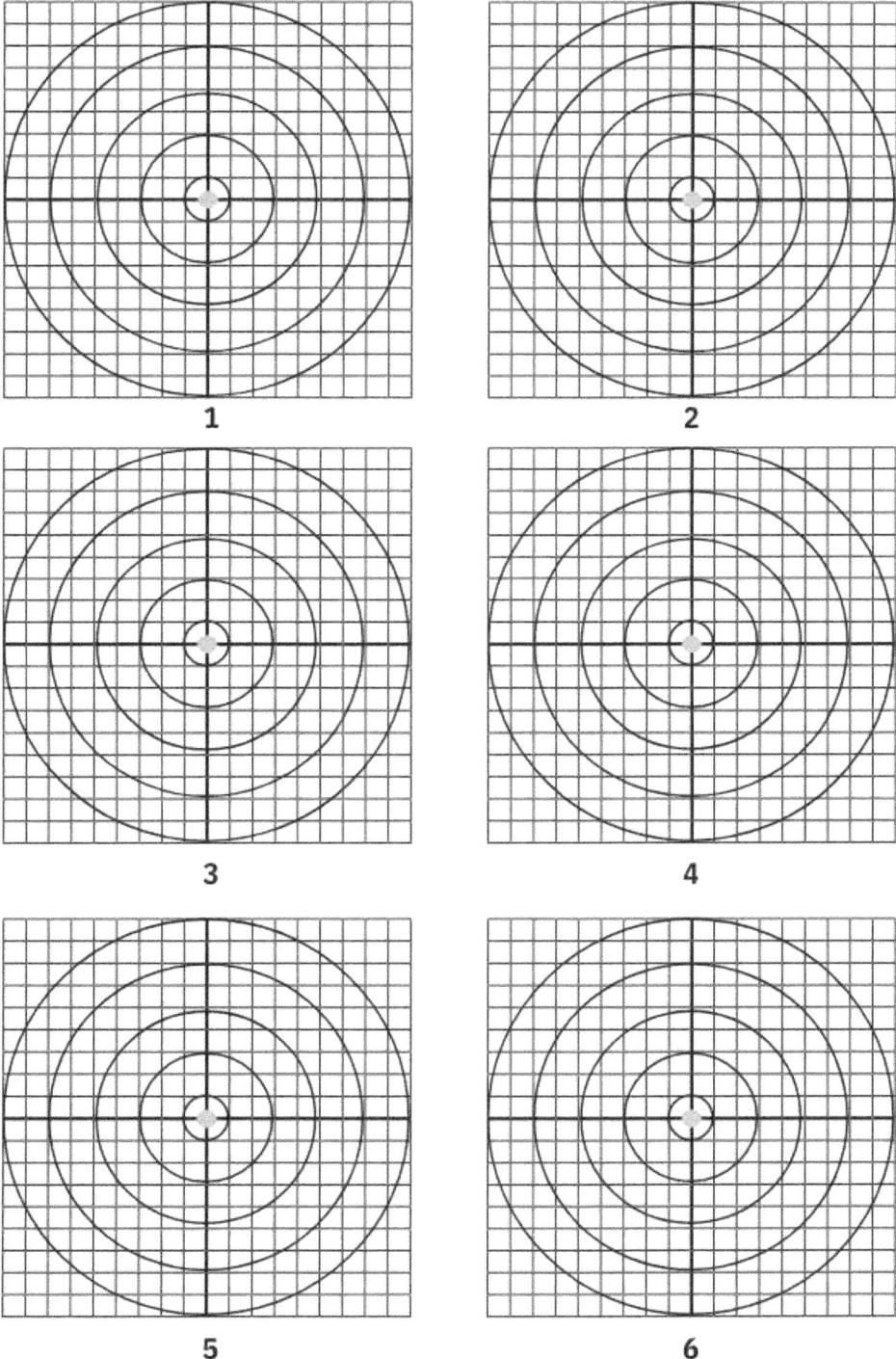

Une idée de cadeau parfaite pour les débutants et les professionnels

Livre de données sur le tir sportif

📅 Date: _____ 🕐 Temps: _____

📍 Localisation: _____

Conditions météorologiques

☀️ ☁️ 🌤️ 🌥️ 🌧️ 🌨️ 🚩 🌡️
☐ ☐ ☐ ☐ ☐ ☐ ___ ___

Armes à feu:	
Balle:	Profondeur d'assise:
Poudre:	Céréales:
L'abécédaire:	
Laiton:	
Distance:	

Résultats globaux

☐ Mauvais ☐ Juste ☐ Bon ☐ Excellent

Notes complémentaires

_____
_____
_____

☆ ☆ ☆ ☆ ☆

Une idée de cadeau parfaite pour les débutants et les professionnels

Livre de données sur le tir sportif

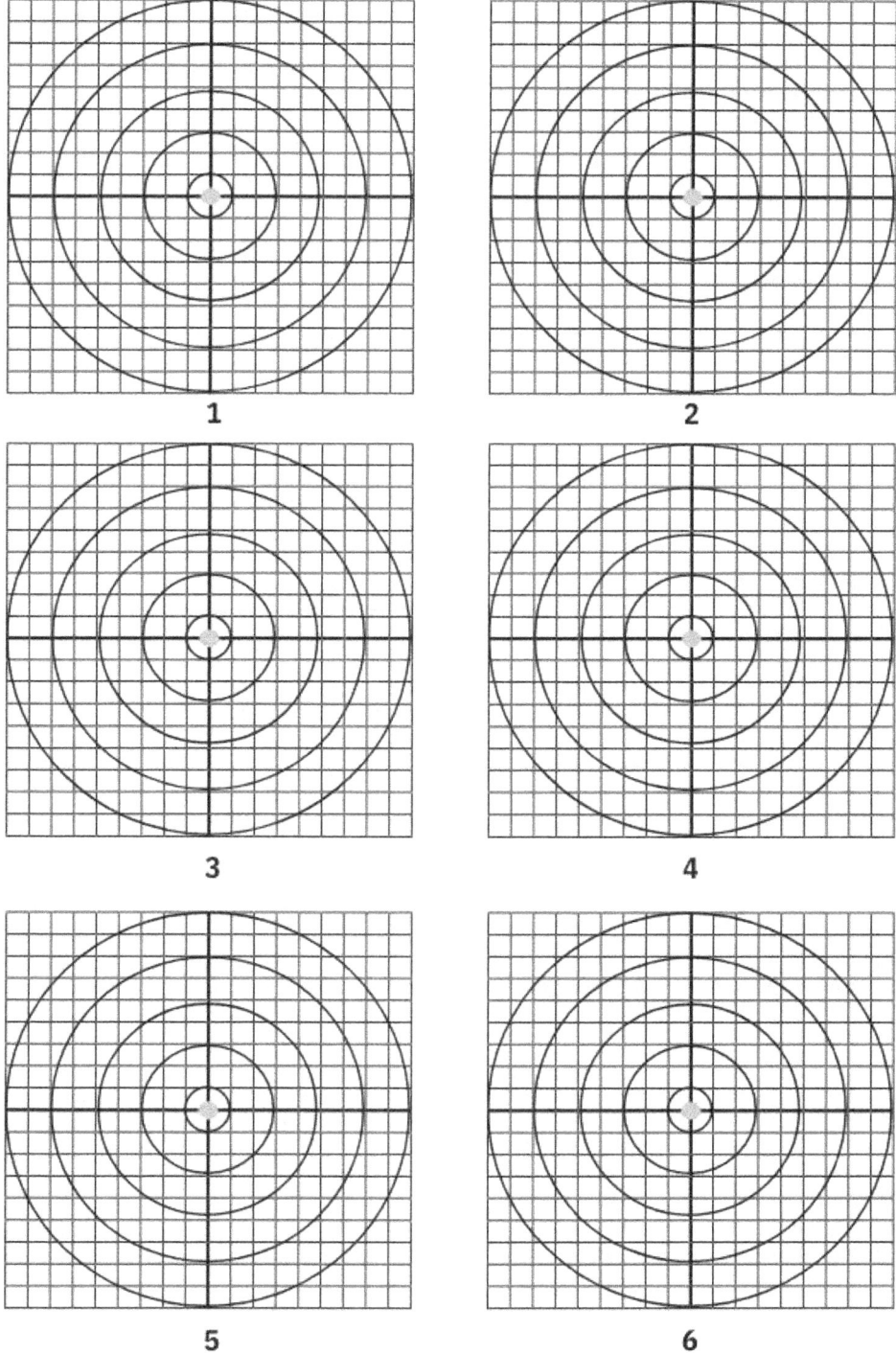

Une idée de cadeau parfaite pour les débutants et les professionnels

Livre de données sur le tir sportif

Date: _____ Temps: _____

Localisation: _____

Conditions météorologiques

☐ ☐ ☐ ☐ ☐ ☐ _____

Armes à feu:	
Balle:	Profondeur d'assise:
Poudre:	Céréales:
L'abécédaire:	
Laiton:	
Distance:	

Résultats globaux

☐ Mauvais   ☐ Juste   ☐ Bon   ☐ Excellent

Notes complémentaires

_____
_____
_____

☆ ☆ ☆ ☆ ☆

Une idée de cadeau parfaite pour les débutants et les professionnels

Livre de données sur le tir sportif

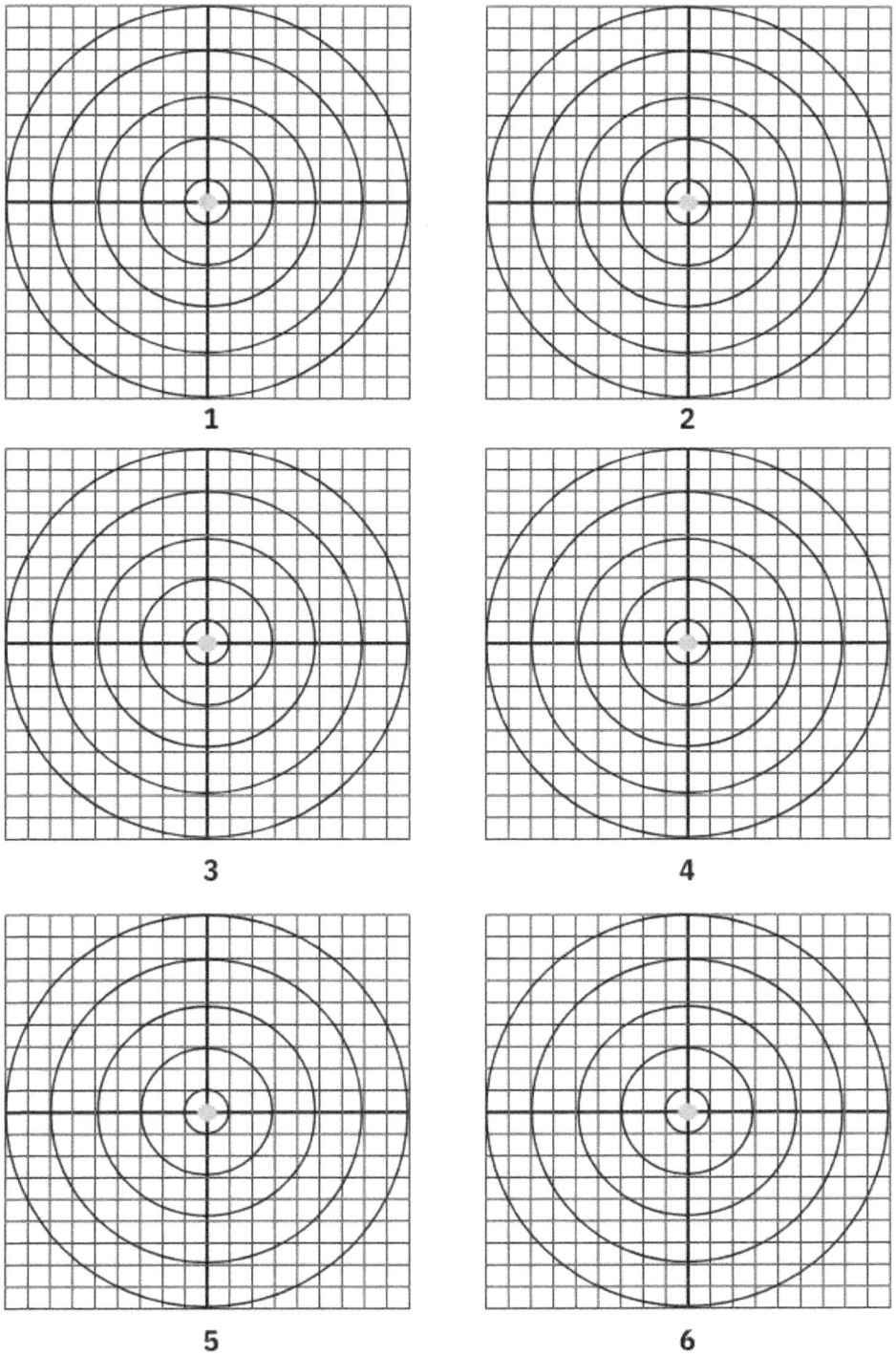

Une idée de cadeau parfaite pour les débutants et les professionnels

Livre de données sur le tir sportif

📅 Date: _____   🕐 Temps: _____

📍 Localisation: _____

Conditions météorologiques

☀ ☁ ⛅ 🌧 🌧 🌨 🚩 🌡
☐ ☐ ☐ ☐ ☐ ☐ ___ ___

Armes à feu:	
Balle:	Profondeur d'assise:
Poudre:	Céréales:
L'abécédaire:	
Laiton:	
Distance:	

Résultats globaux

☐ Mauvais   ☐ Juste   ☐ Bon   ☐ Excellent

Notes complémentaires

_____
_____
_____

☆ ☆ ☆ ☆ ☆

Une idée de cadeau parfaite pour les débutants et les professionnels

Livre de données sur le tir sportif

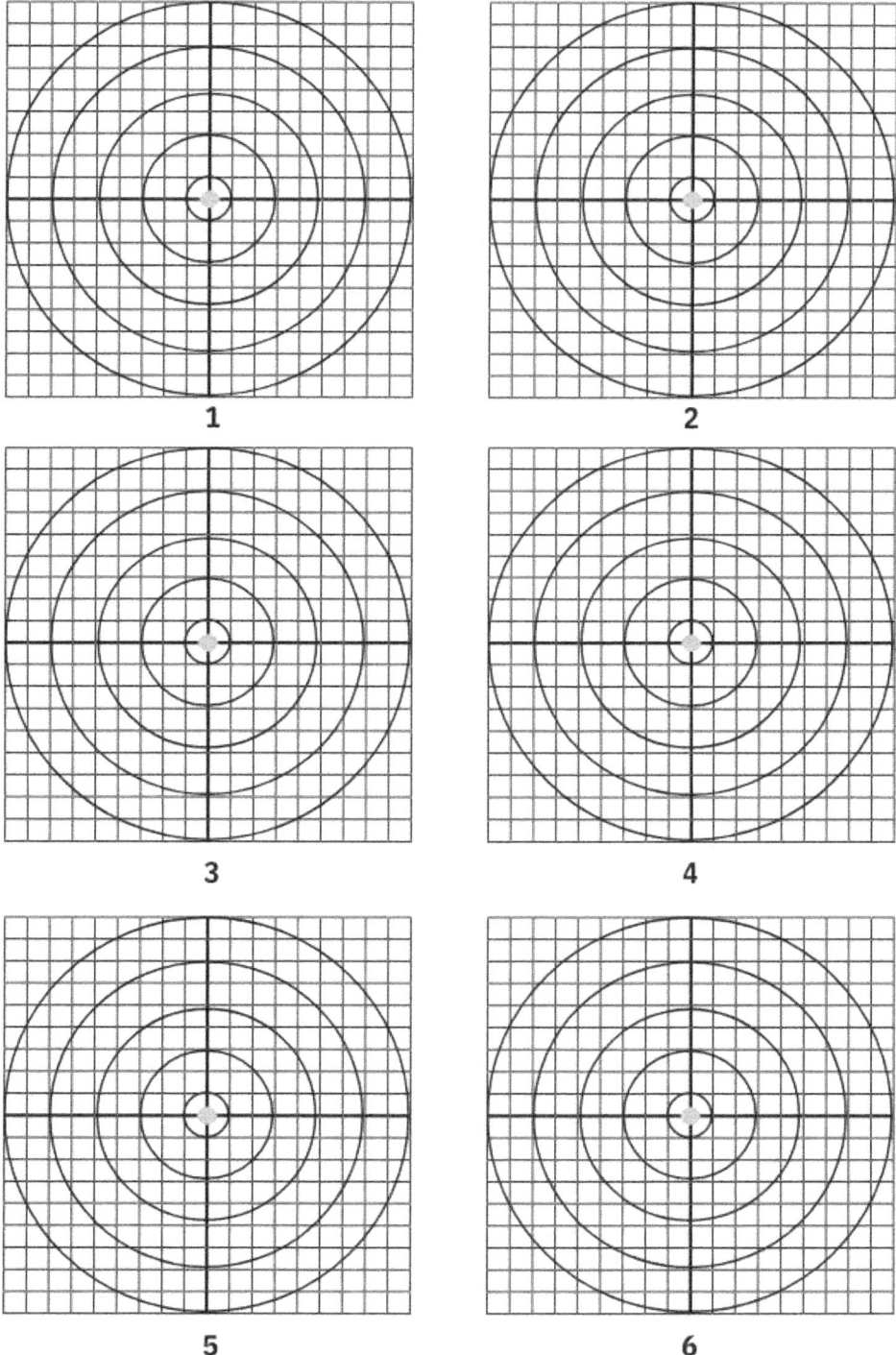

Une idée de cadeau parfaite pour les débutants et les professionnels

Livre de données sur le tir sportif

📅 Date: _____   🕐 Temps: _____

📍 Localisation: _____

Conditions météorologiques

☀️ ☁️ 🌤️ ☁️ 🌧️ 🌨️ 🚩 🌡️
☐   ☐   ☐   ☐   ☐   ☐

Armes à feu:	
Balle:	Profondeur d'assise:
Poudre:	Céréales:
L'abécédaire:	
Laiton:	
Distance:	

Résultats globaux

☐ Mauvais   ☐ Juste   ☐ Bon   ☐ Excellent

Notes complémentaires

_____
_____
_____

☆ ☆ ☆ ☆ ☆

Une idée de cadeau parfaite pour les débutants et les professionnels

Livre de données sur le tir sportif

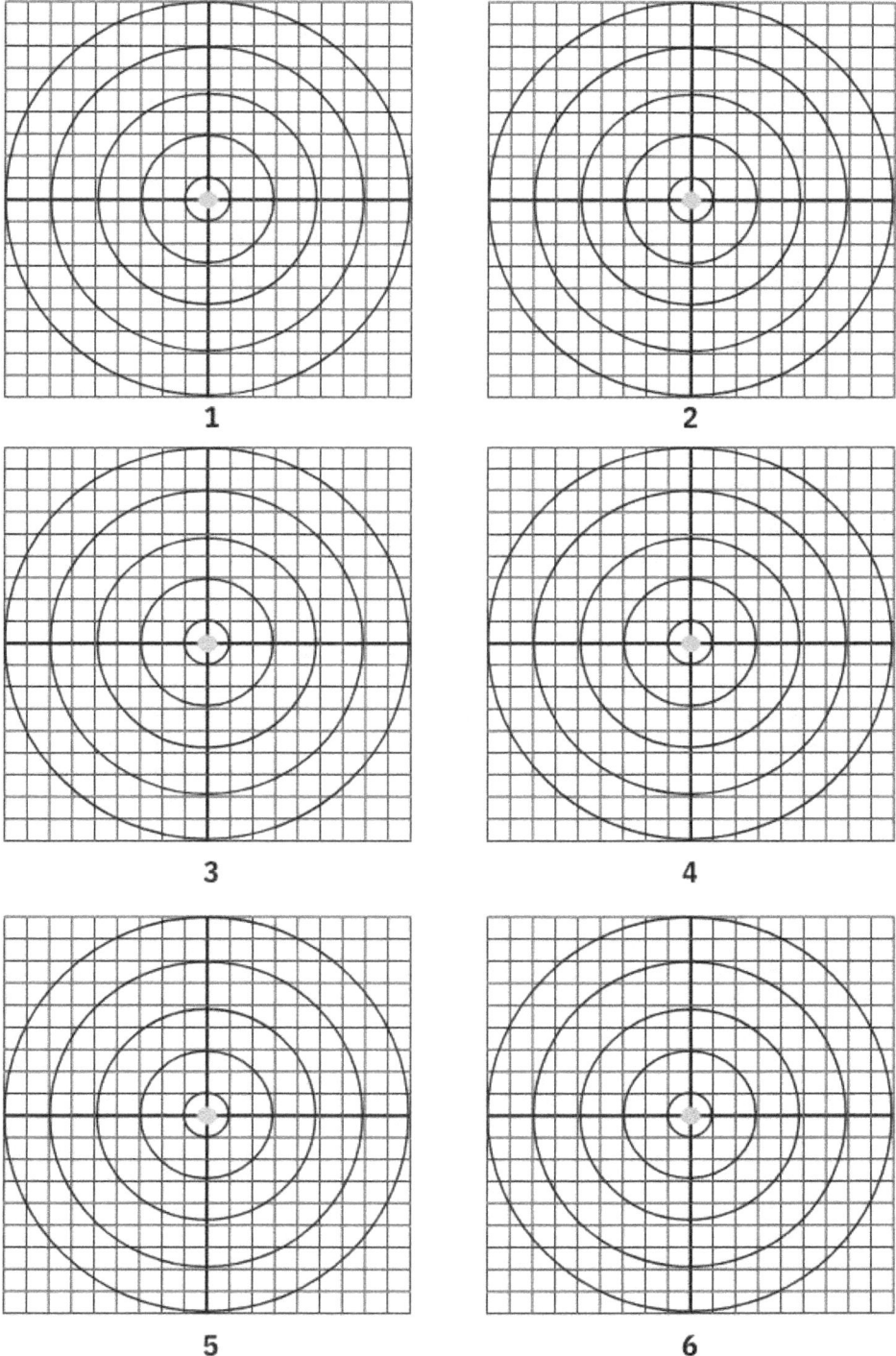

Une idée de cadeau parfaite pour les débutants et les professionnels

Livre de données sur le tir sportif

Date: _____ Temps: _____

Localisation: _____

Conditions météorologiques

☐ ☐ ☐ ☐ ☐ ☐ ⚐ _____ 🌡

Armes à feu:	
Balle:	Profondeur d'assise:
Poudre:	Céréales:
L'abécédaire:	
Laiton:	
Distance:	

Résultats globaux

☐ Mauvais ☐ Juste ☐ Bon ☐ Excellent

Notes complémentaires

_____
_____
_____

☆ ☆ ☆ ☆ ☆

Une idée de cadeau parfaite pour les débutants et les professionnels

Livre de données sur le tir sportif

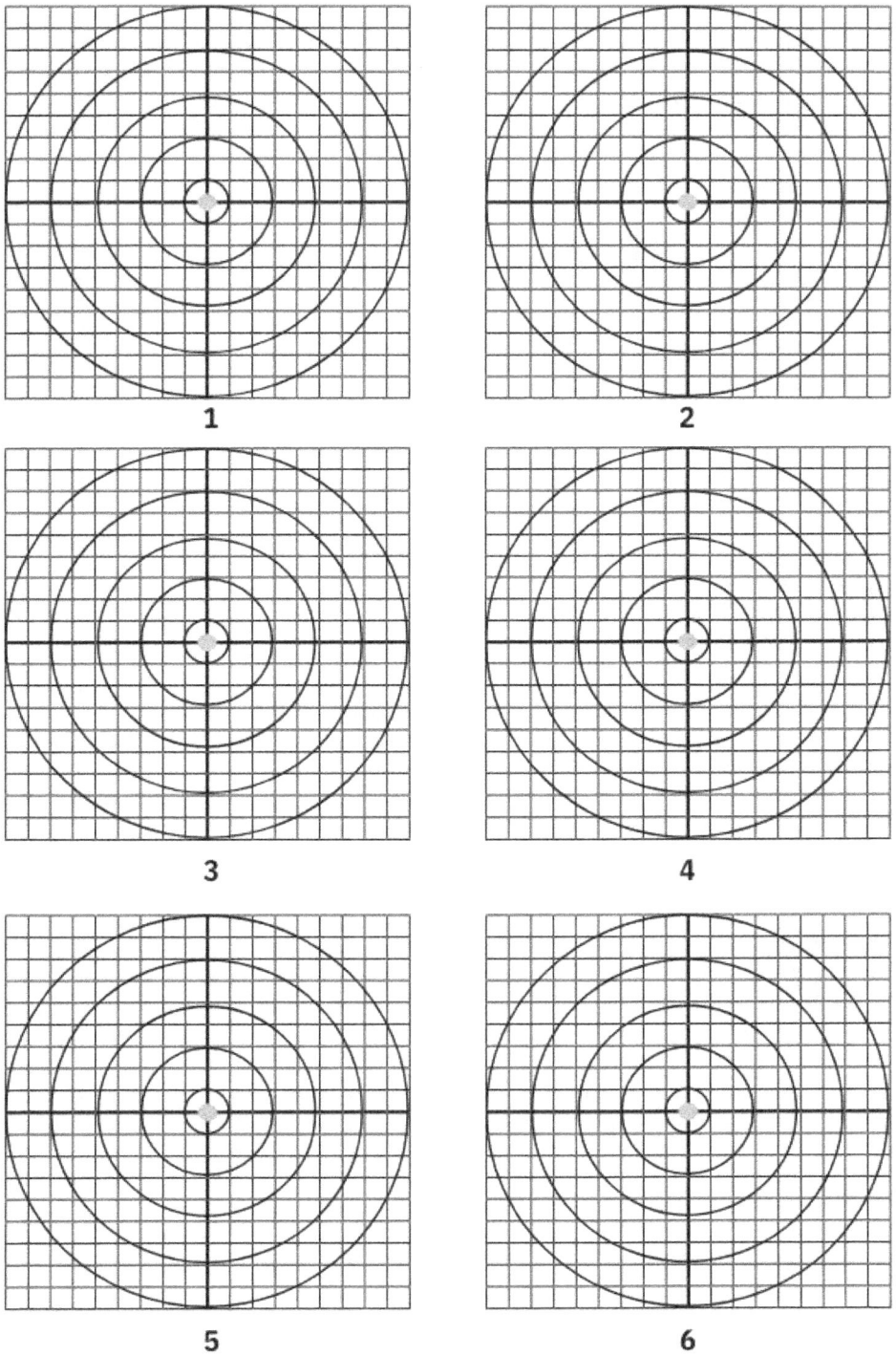

Une idée de cadeau parfaite pour les débutants et les professionnels

Livre de données sur le tir sportif

📅 Date: _____   🕐 Temps: _____

📍 Localisation: _____

Conditions météorologiques

☀️ ☁️ ⛅ 🌧️ ☁️ 🌨️ 🚩 🌡️
☐   ☐   ☐   ☐   ☐   ☐   ____ ____

Armes à feu:	
Balle:	Profondeur d'assise:
Poudre:	Céréales:
L'abécédaire:	
Laiton:	
Distance:	

Résultats globaux

☐ Mauvais   ☐ Juste   ☐ Bon   ☐ Excellent

Notes complémentaires

_____

_____

☆ ☆ ☆ ☆ ☆

Une idée de cadeau parfaite pour les débutants et les professionnels

Livre de données sur le tir sportif

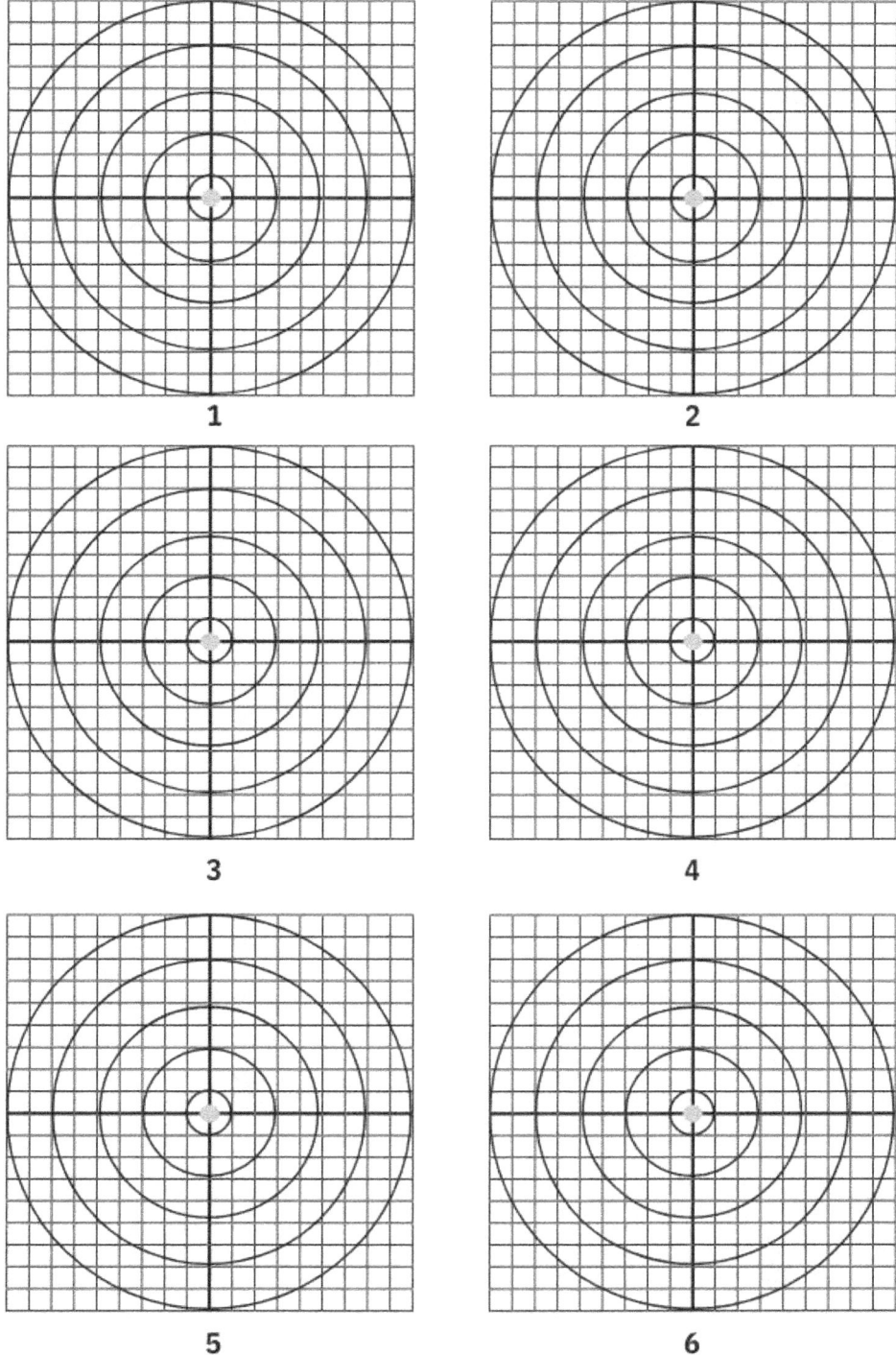

Une idée de cadeau parfaite pour les débutants et les professionnels

Livre de données sur le tir sportif

📅 Date: _____ 🕐 Temps: _____

📍 Localisation: _____

Conditions météorologiques

☀️ ☁️ 🌥️ ☁️ 🌧️ 🌨️ 🚩 🌡️
☐ ☐ ☐ ☐ ☐ ☐

Armes à feu:	
Balle:	Profondeur d'assise:
Poudre:	Céréales:
L'abécédaire:	
Laiton:	
Distance:	

Résultats globaux

☐ Mauvais ☐ Juste ☐ Bon ☐ Excellent

Notes complémentaires

_____
_____
_____

☆ ☆ ☆ ☆ ☆

Une idée de cadeau parfaite pour les débutants et les professionnels

Livre de données sur le tir sportif

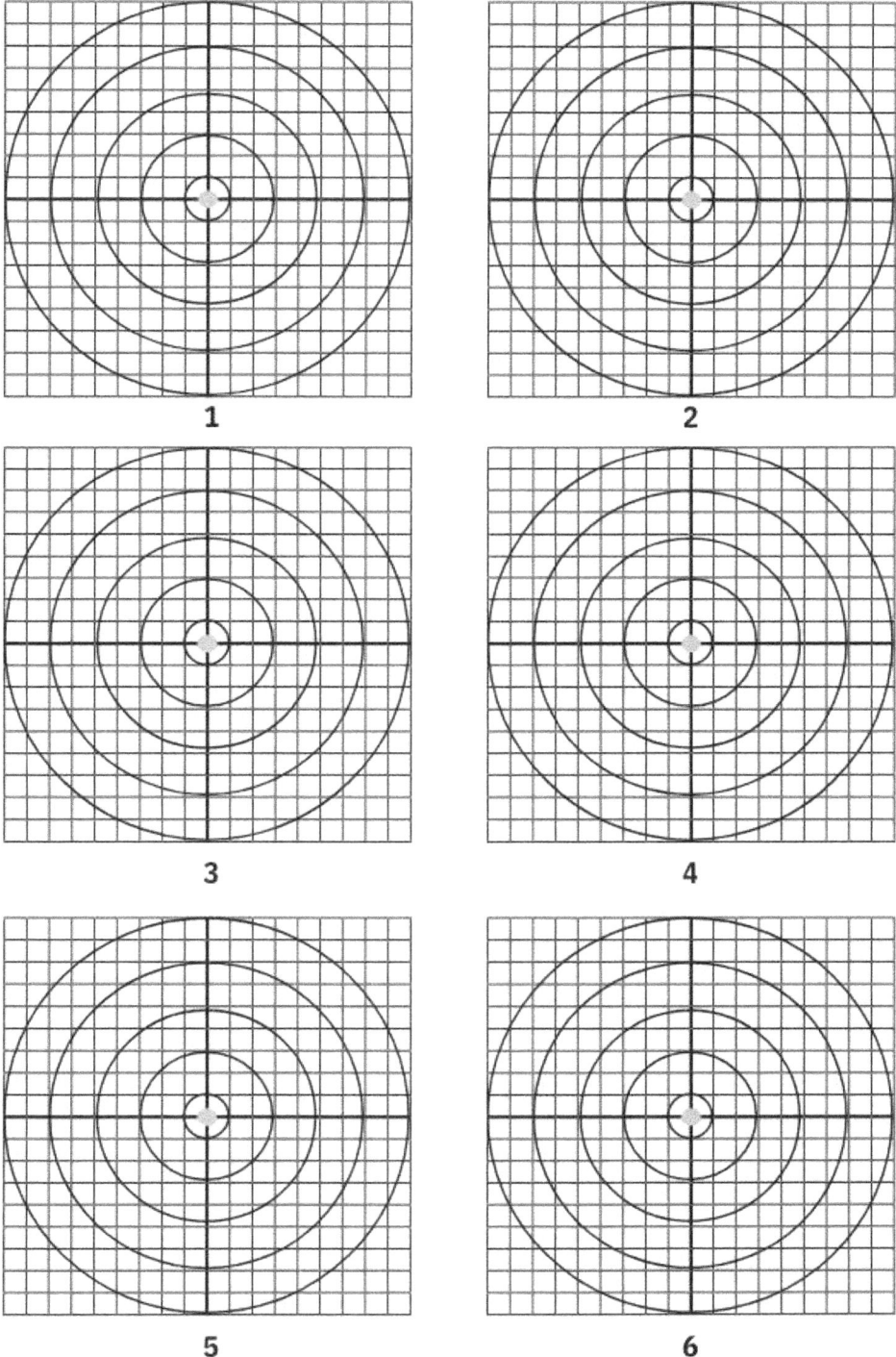

Une idée de cadeau parfaite pour les débutants et les professionnels

Livre de données sur le tir sportif

📅 Date: _____   🕐 Temps: _____

📍 Localisation: _____

Conditions météorologiques

☀ ☁ 🌤 ☁ ☁ 🌧 🚩 🌡
☐ ☐ ☐ ☐ ☐ ☐ ___ ___

Armes à feu:	
Balle:	Profondeur d'assise:
Poudre:	Céréales:
L'abécédaire:	
Laiton:	
Distance:	

Résultats globaux

☐ Mauvais   ☐ Juste   ☐ Bon   ☐ Excellent

Notes complémentaires

_____

_____

☆ ☆ ☆ ☆ ☆

Une idée de cadeau parfaite pour les débutants et les professionnels

Livre de données sur le tir sportif

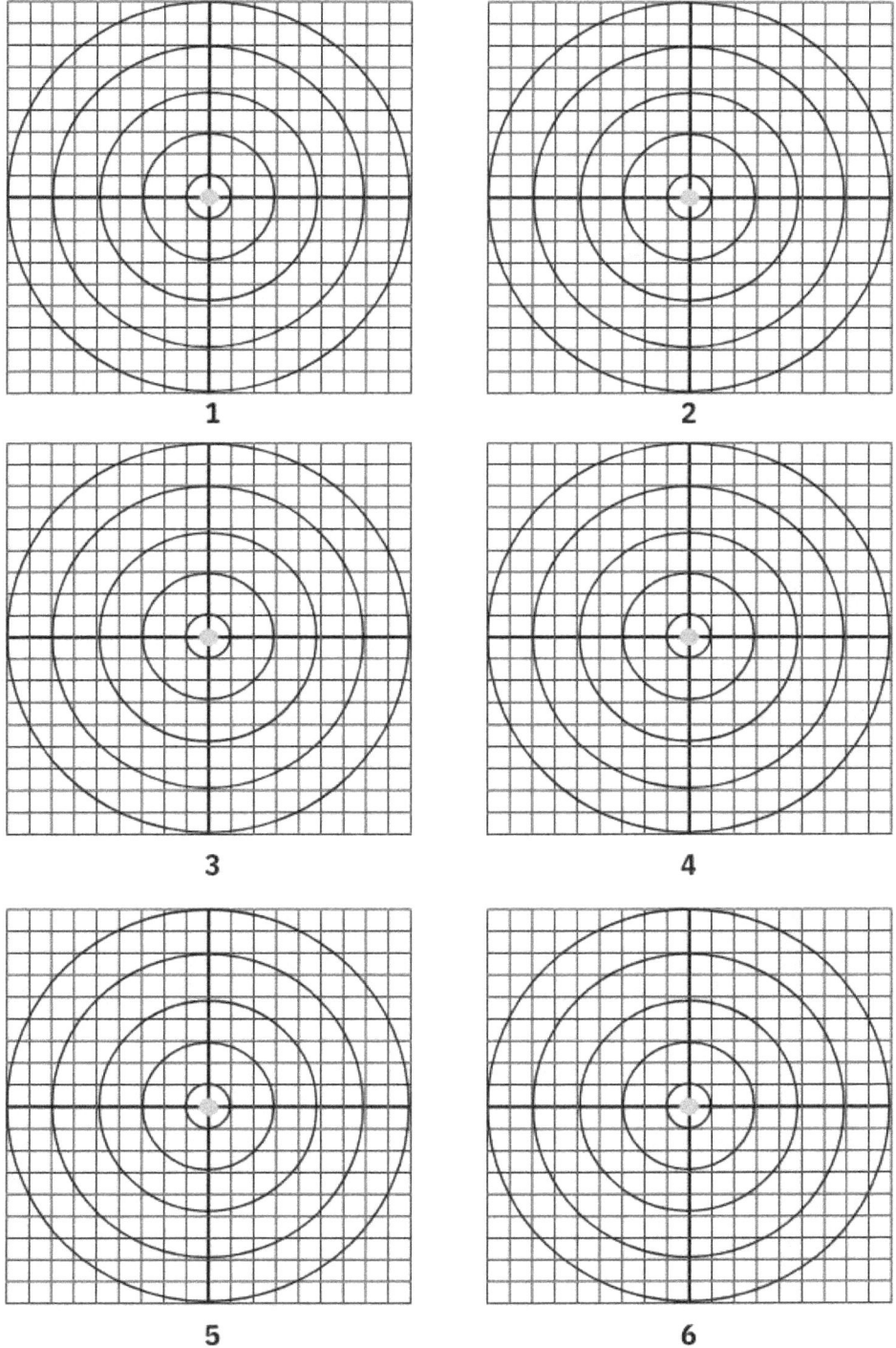

Une idée de cadeau parfaite pour les débutants et les professionnels

Livre de données sur le tir sportif

📅 Date: _____ 🕐 Temps: _____

📍 Localisation: _____

Conditions météorologiques

☀️ ☁️ 🌤️ 🌥️ 🌧️ 🌨️ 🚩 🌡️
☐　☐　☐　☐　☐　☐　___　___

Armes à feu:	
Balle:	Profondeur d'assise:
Poudre:	Céréales:
L'abécédaire:	
Laiton:	
Distance:	

Résultats globaux

☐ Mauvais　☐ Juste　☐ Bon　☐ Excellent

Notes complémentaires

_____

_____

_____

☆ ☆ ☆ ☆ ☆

Une idée de cadeau parfaite pour les débutants et les professionnels

Livre de données sur le tir sportif

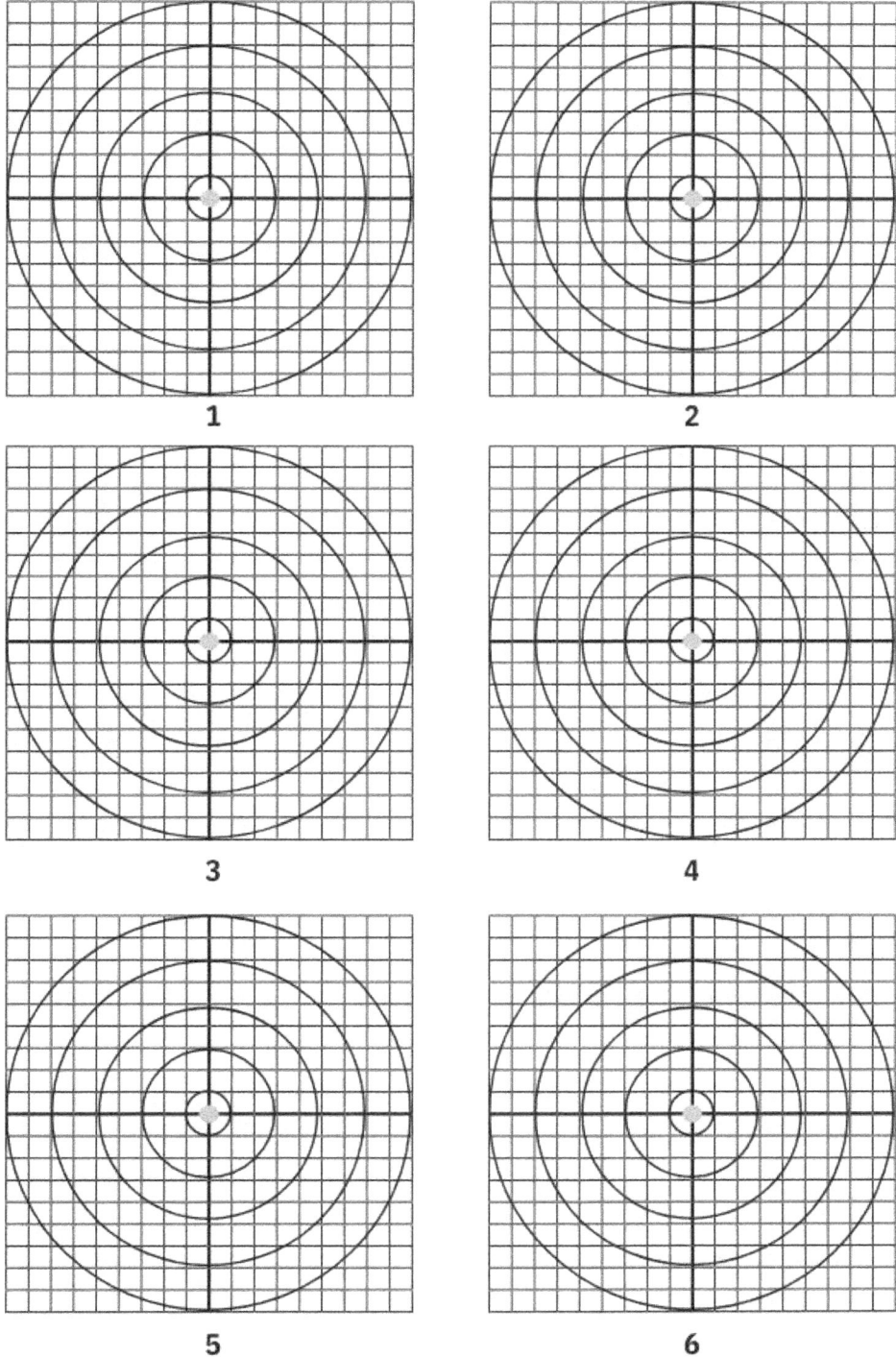

Une idée de cadeau parfaite pour les débutants et les professionnels

Livre de données sur le tir sportif

📅 Date: _____ 🕐 Temps: _____

📍 Localisation: _____

Conditions météorologiques

☀ ☁ 🌤 ☁ 🌧 🌨 🚩 🌡
☐ ☐ ☐ ☐ ☐ ☐ ____ ____

Armes à feu:	
Balle:	Profondeur d'assise:
Poudre:	Céréales:
L'abécédaire:	
Laiton:	
Distance:	

Résultats globaux

☐ Mauvais ☐ Juste ☐ Bon ☐ Excellent

Notes complémentaires

_____
_____
_____

☆ ☆ ☆ ☆ ☆

Une idée de cadeau parfaite pour les débutants et les professionnels

Livre de données sur le tir sportif

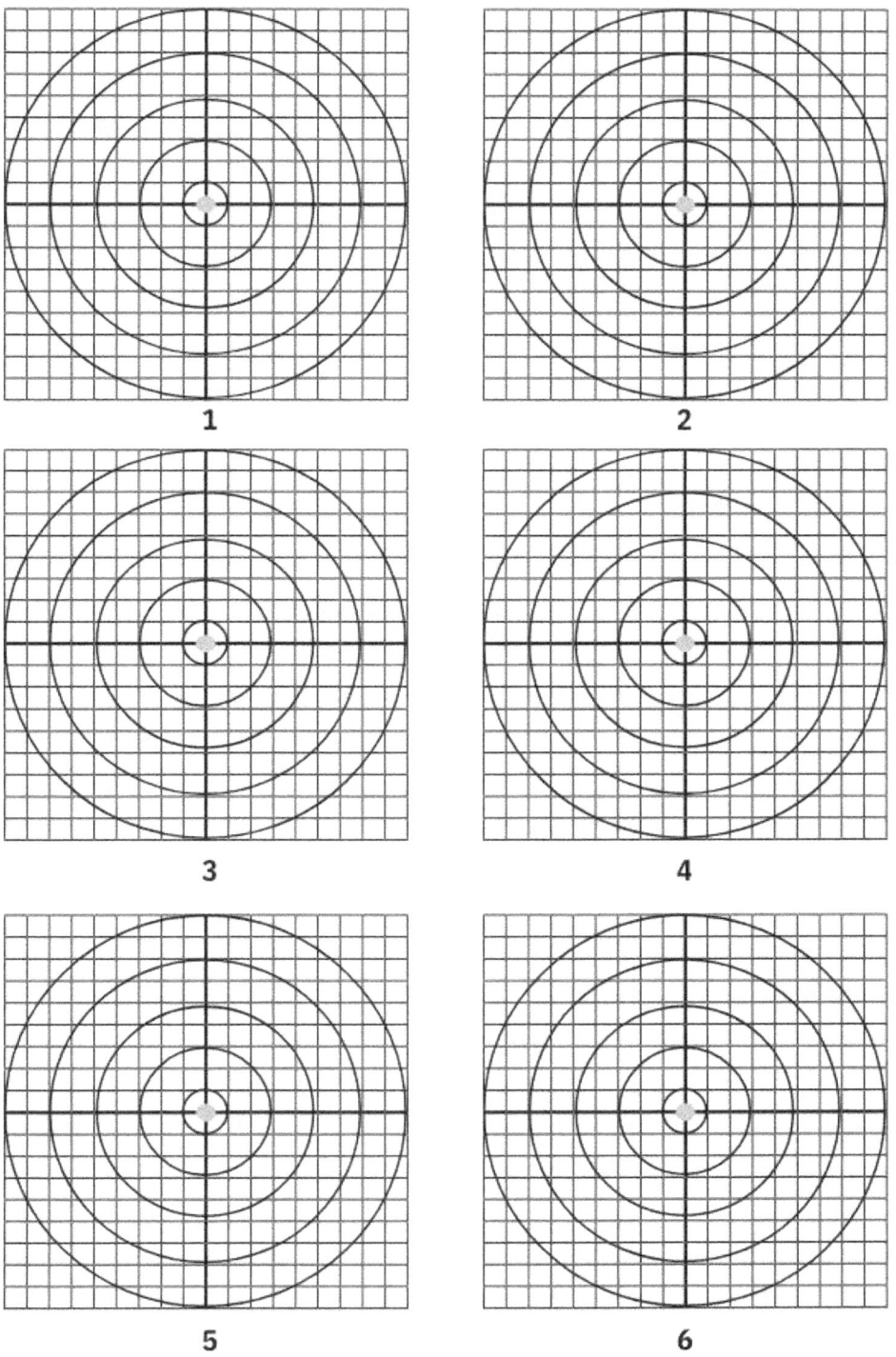

Une idée de cadeau parfaite pour les débutants et les professionnels

Livre de données sur le tir sportif

📅 Date: _____   🕐 Temps: _____

📍 Localisation: _____

Conditions météorologiques

☀️ ☁️ 🌤️ ☁️ 🌧️ 🌨️ 🚩 🌡️
☐   ☐   ☐   ☐   ☐   ☐   ___ ___

Armes à feu:	
Balle:	Profondeur d'assise:
Poudre:	Céréales:
L'abécédaire:	
Laiton:	
Distance:	

Résultats globaux

☐ Mauvais   ☐ Juste   ☐ Bon   ☐ Excellent

Notes complémentaires

_____
_____
_____

☆ ☆ ☆ ☆ ☆

Une idée de cadeau parfaite pour les débutants et les professionnels

Livre de données sur le tir sportif

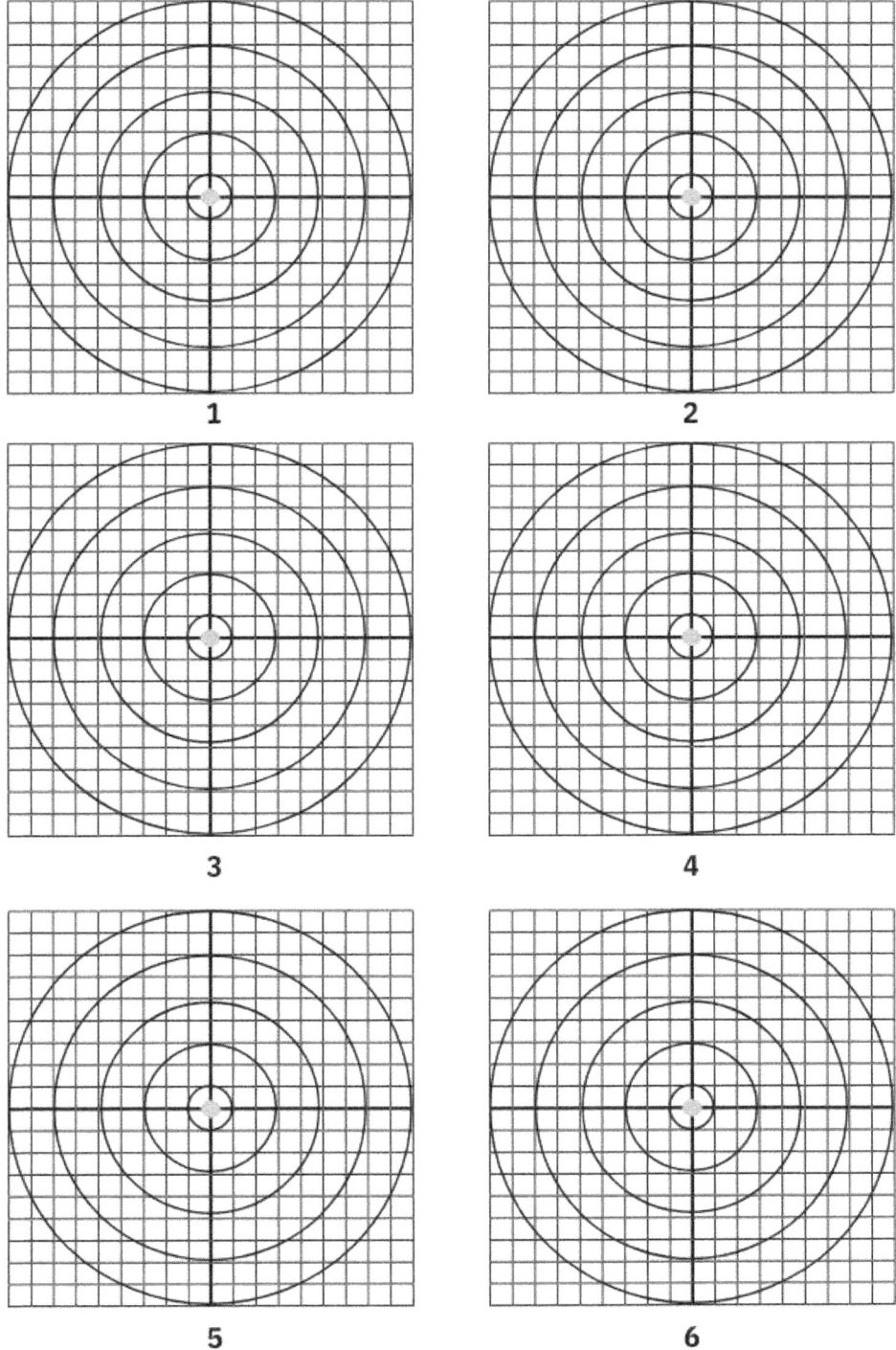

Une idée de cadeau parfaite pour les débutants et les professionnels

Livre de données sur le tir sportif

📅 Date: _____ 🕐 Temps: _____

📍 Localisation: _____

Conditions météorologiques

☀️ ☁️ ⛅ 🌦️ 🌧️ 🌨️ 🚩 🌡️
☐ ☐ ☐ ☐ ☐ ☐ _____

Armes à feu:	
Balle:	Profondeur d'assise:
Poudre:	Céréales:
L'abécédaire:	
Laiton:	
Distance:	

Résultats globaux

☐ Mauvais   ☐ Juste   ☐ Bon   ☐ Excellent

Notes complémentaires

_____
_____
_____

☆ ☆ ☆ ☆ ☆

Une idée de cadeau parfaite pour les débutants et les professionnels

Livre de données sur le tir sportif

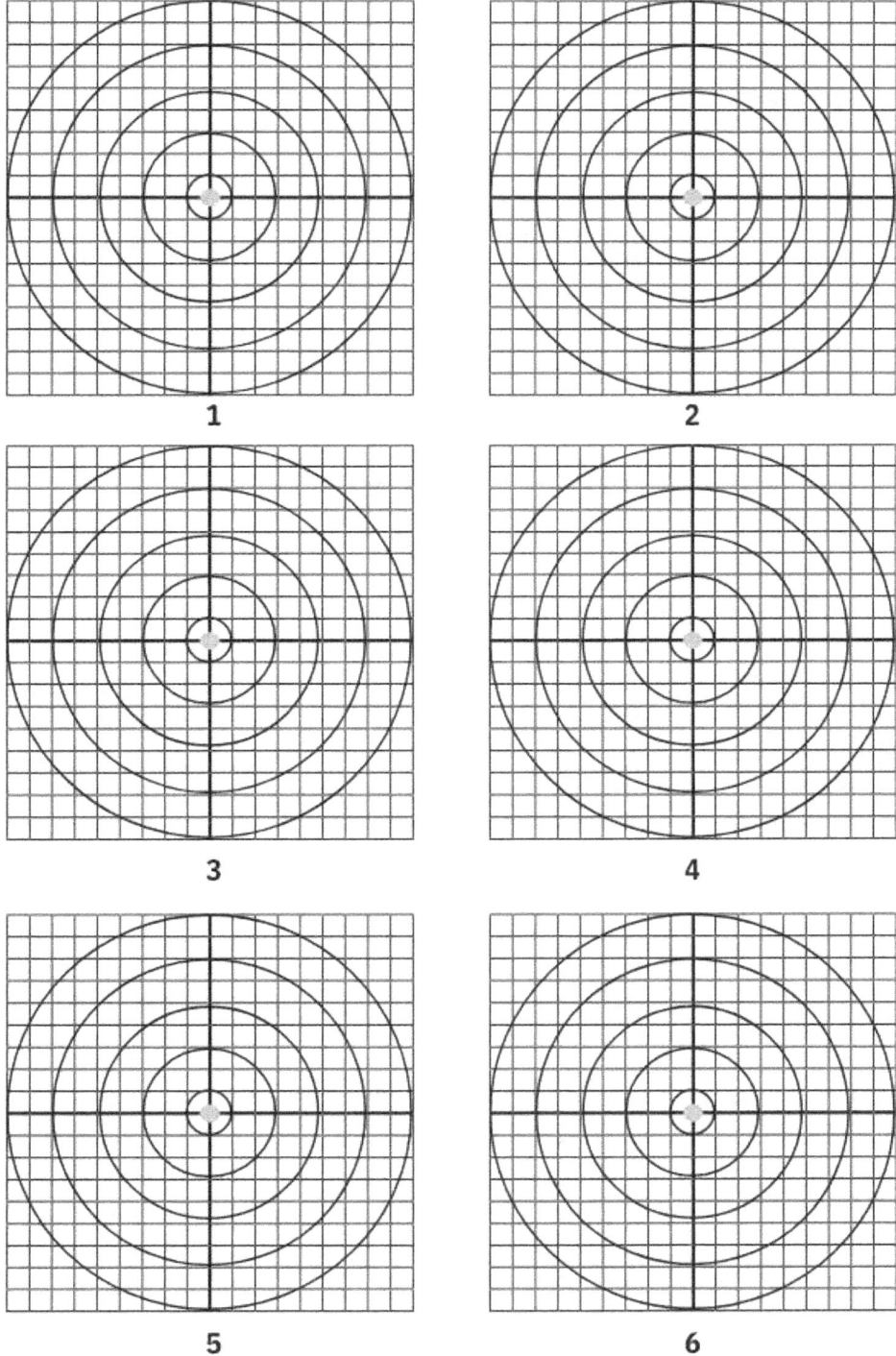

Une idée de cadeau parfaite pour les débutants et les professionnels

Livre de données sur le tir sportif

Date: _____ Temps: _____

Localisation: _____

Conditions météorologiques

☐ ☐ ☐ ☐ ☐ ☐ _____

Armes à feu:	
Balle:	Profondeur d'assise:
Poudre:	Céréales:
L'abécédaire:	
Laiton:	
Distance:	

Résultats globaux

☐ Mauvais   ☐ Juste   ☐ Bon   ☐ Excellent

Notes complémentaires

_____
_____
_____

☆ ☆ ☆ ☆ ☆

Une idée de cadeau parfaite pour les débutants et les professionnels

Livre de données sur le tir sportif

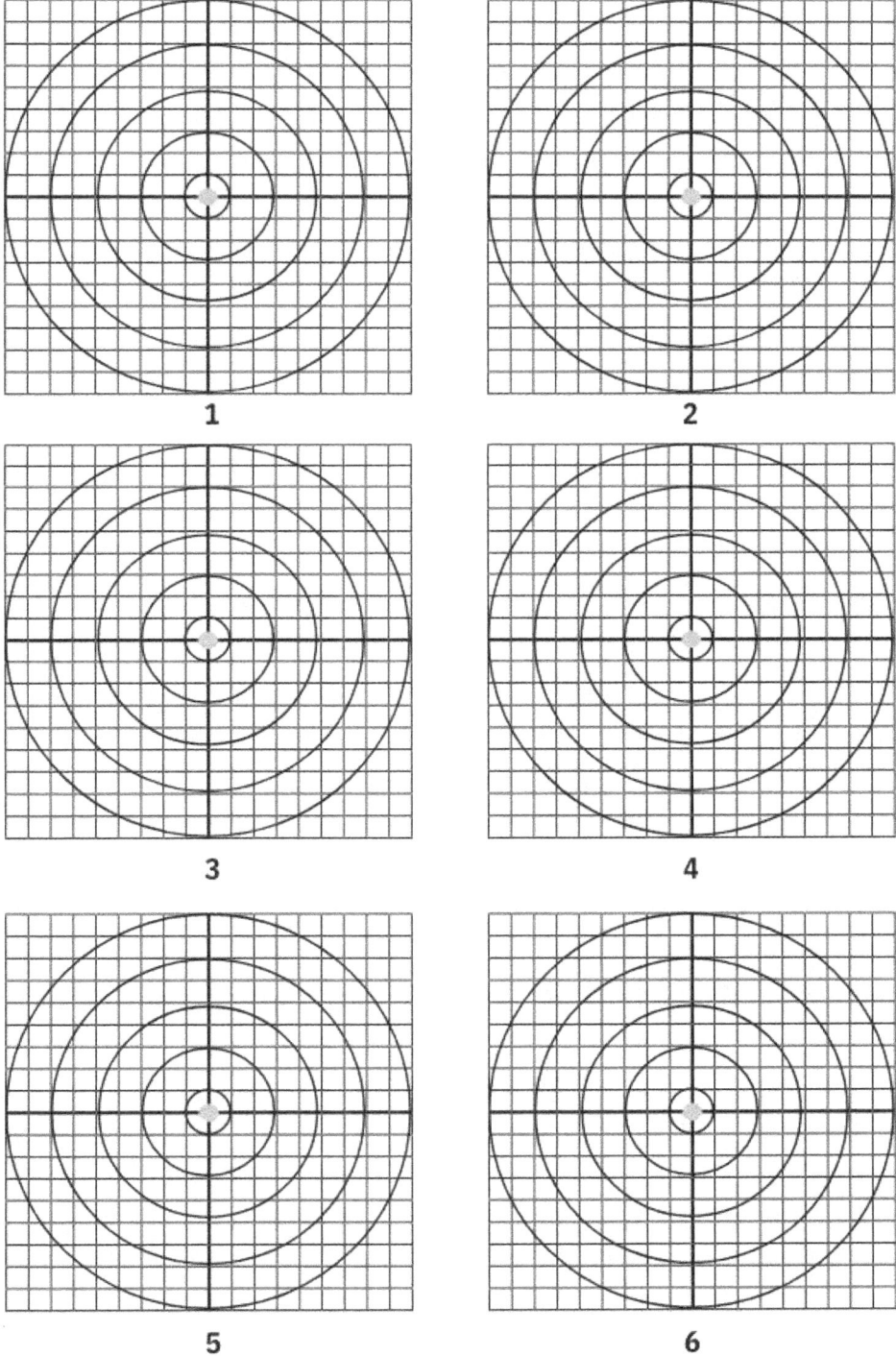

Une idée de cadeau parfaite pour les débutants et les professionnels

Livre de données sur le tir sportif

📅 Date: _____   🕐 Temps: _____

📍 Localisation: _____

Conditions météorologiques

☀️ ☐ ☁️ ☐ ⛅ ☐ 🌧️ ☐ 🌧️ ☐ 🌨️ ☐ 🚩 _____ 🌡️ _____

Armes à feu:	
Balle:	Profondeur d'assise:
Poudre:	Céréales:
L'abécédaire:	
Laiton:	
Distance:	

Résultats globaux

☐ Mauvais   ☐ Juste   ☐ Bon   ☐ Excellent

Notes complémentaires

_____
_____
_____

☆ ☆ ☆ ☆ ☆

Une idée de cadeau parfaite pour les débutants et les professionnels

Livre de données sur le tir sportif

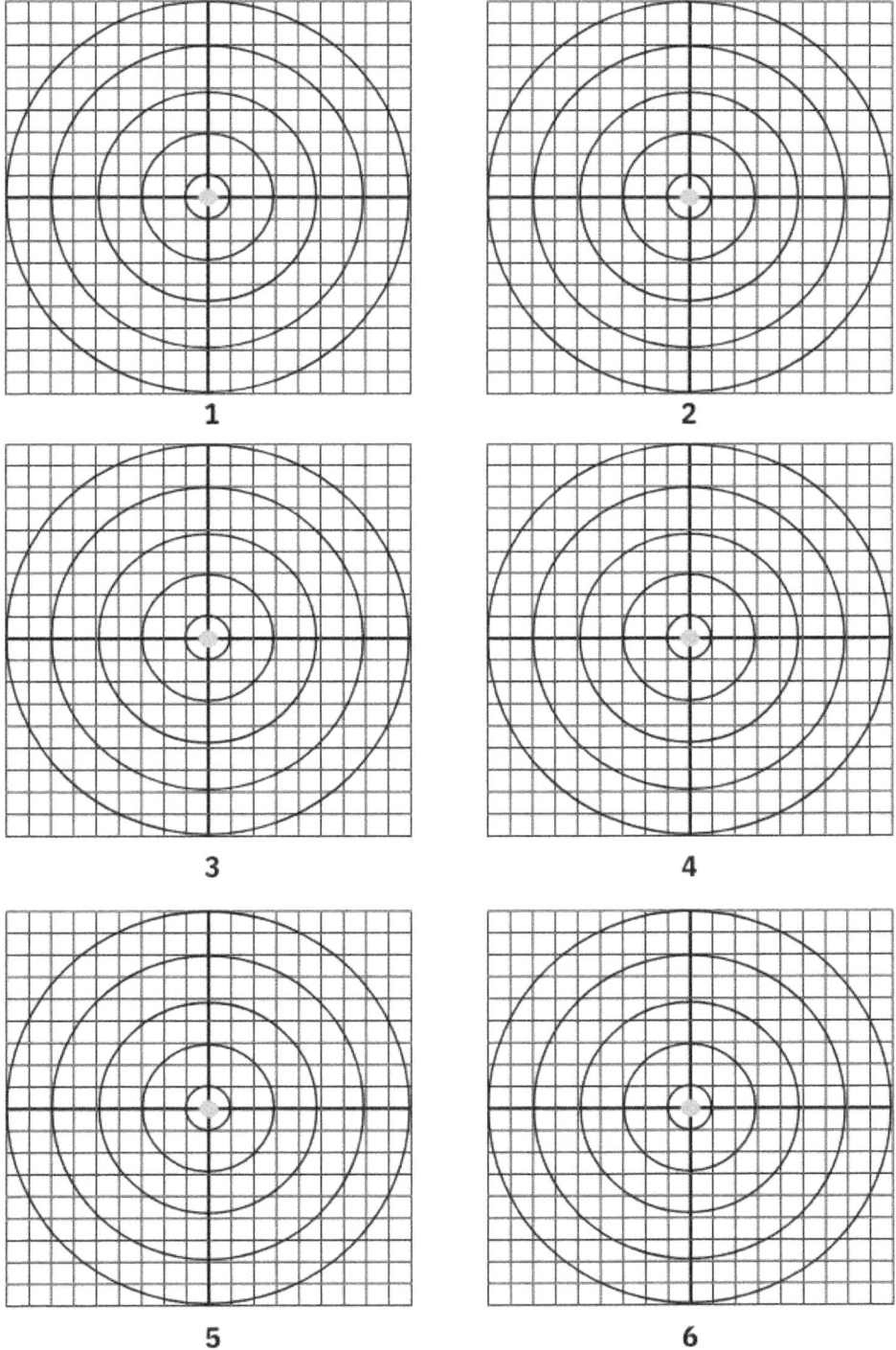

Une idée de cadeau parfaite pour les débutants et les professionnels

Livre de données sur le tir sportif

Date: _____ Temps: _____

Localisation: _____

Conditions météorologiques

☐ ☐ ☐ ☐ ☐ ☐

Armes à feu:	
Balle:	Profondeur d'assise:
Poudre:	Céréales:
L'abécédaire:	
Laiton:	
Distance:	

Résultats globaux

☐ Mauvais ☐ Juste ☐ Bon ☐ Excellent

Notes complémentaires

_____
_____
_____

☆ ☆ ☆ ☆ ☆

Une idée de cadeau parfaite pour les débutants et les professionnels

Livre de données sur le tir sportif

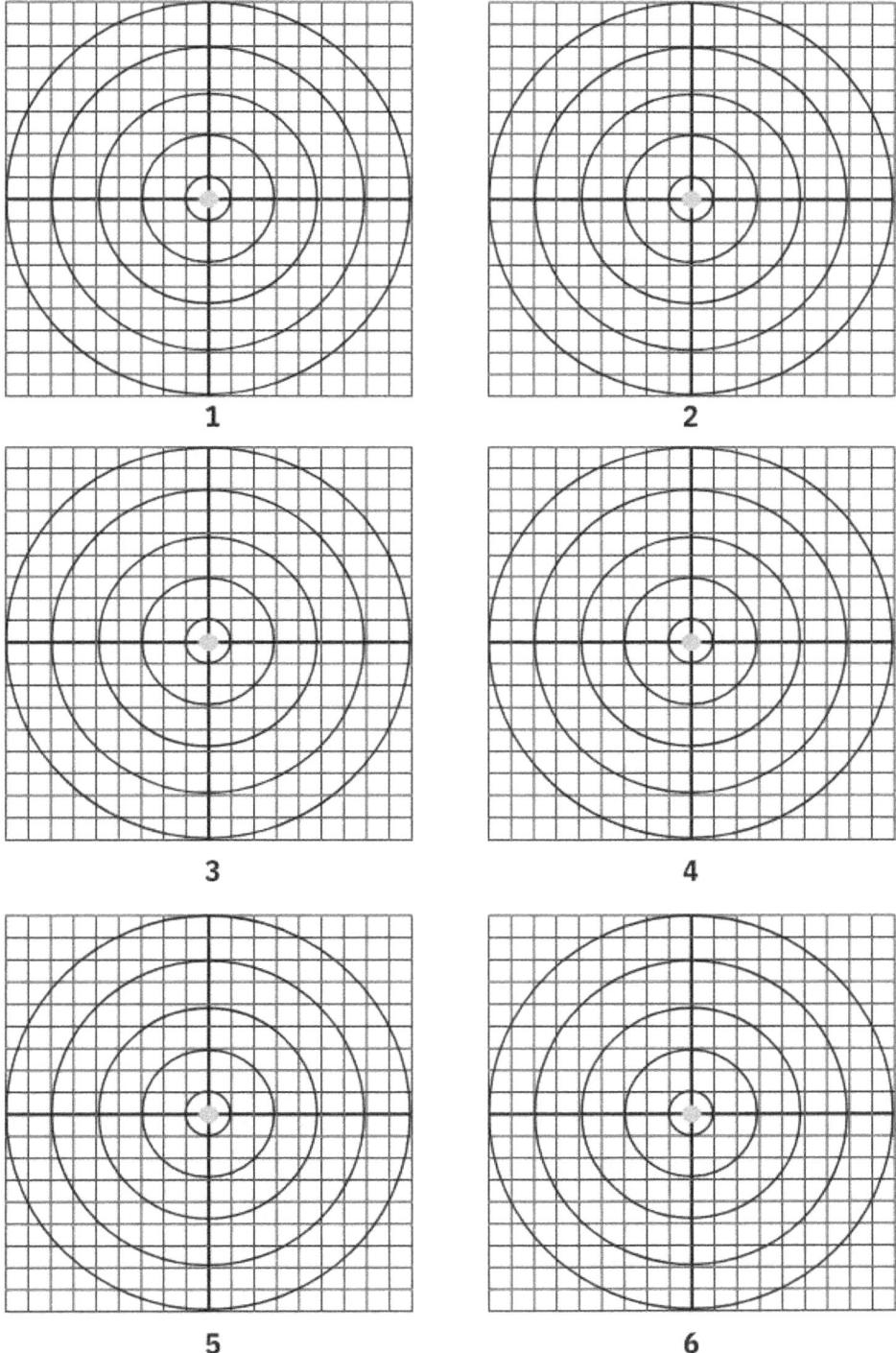

Une idée de cadeau parfaite pour les débutants et les professionnels

Livre de données sur le tir sportif

Date: _____ Temps: _____

Localisation: _____

Conditions météorologiques

☐ ☐ ☐ ☐ ☐ ☐

Armes à feu:	
Balle:	Profondeur d'assise:
Poudre:	Céréales:
L'abécédaire:	
Laiton:	
Distance:	

Résultats globaux

☐ Mauvais   ☐ Juste   ☐ Bon   ☐ Excellent

Notes complémentaires

_____
_____
_____

☆ ☆ ☆ ☆ ☆

Une idée de cadeau parfaite pour les débutants et les professionnels

Livre de données sur le tir sportif

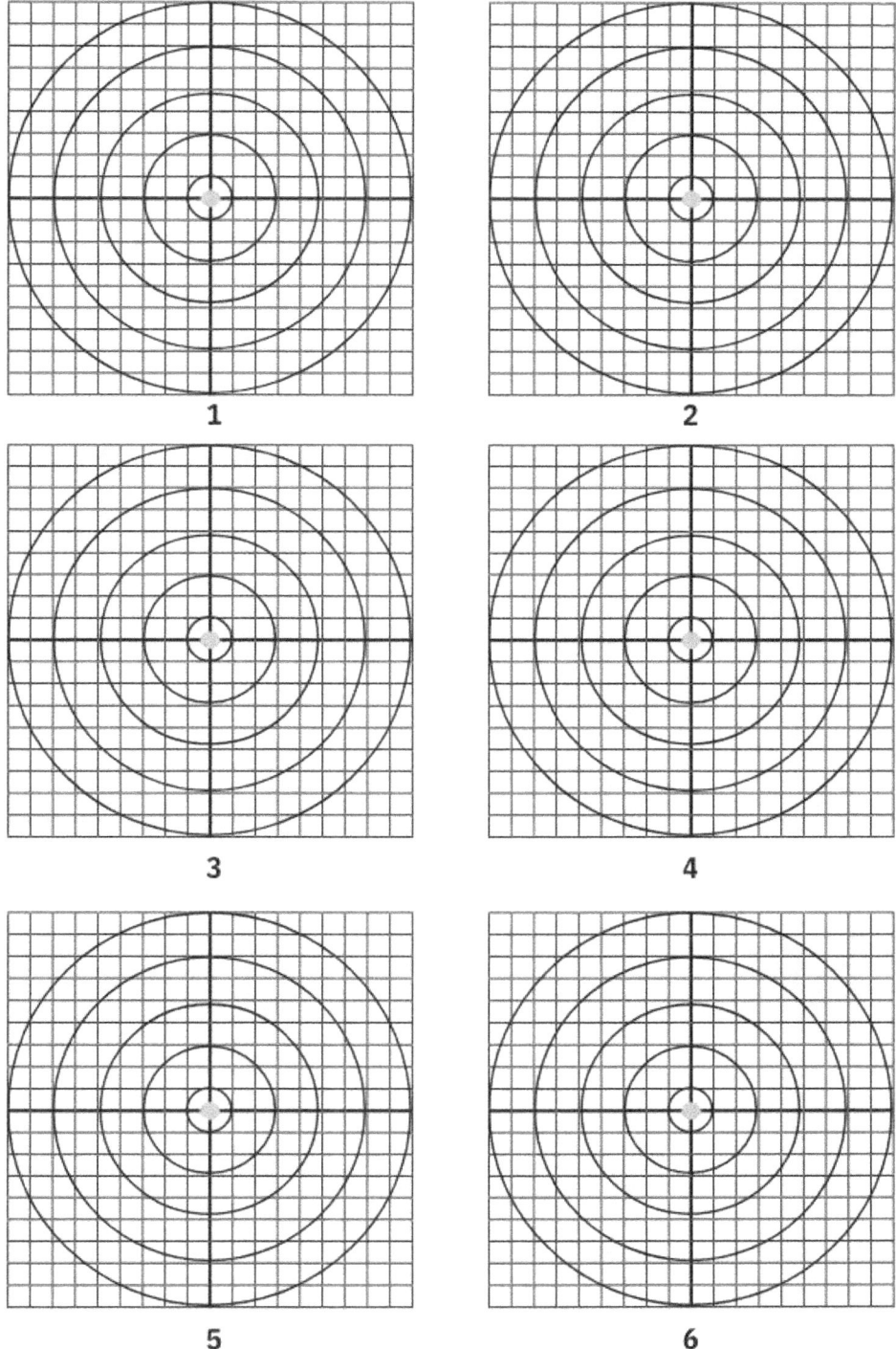

Une idée de cadeau parfaite pour les débutants et les professionnels

ISBN 978-3-98608-487-5

Livre de données sur le tir sportif

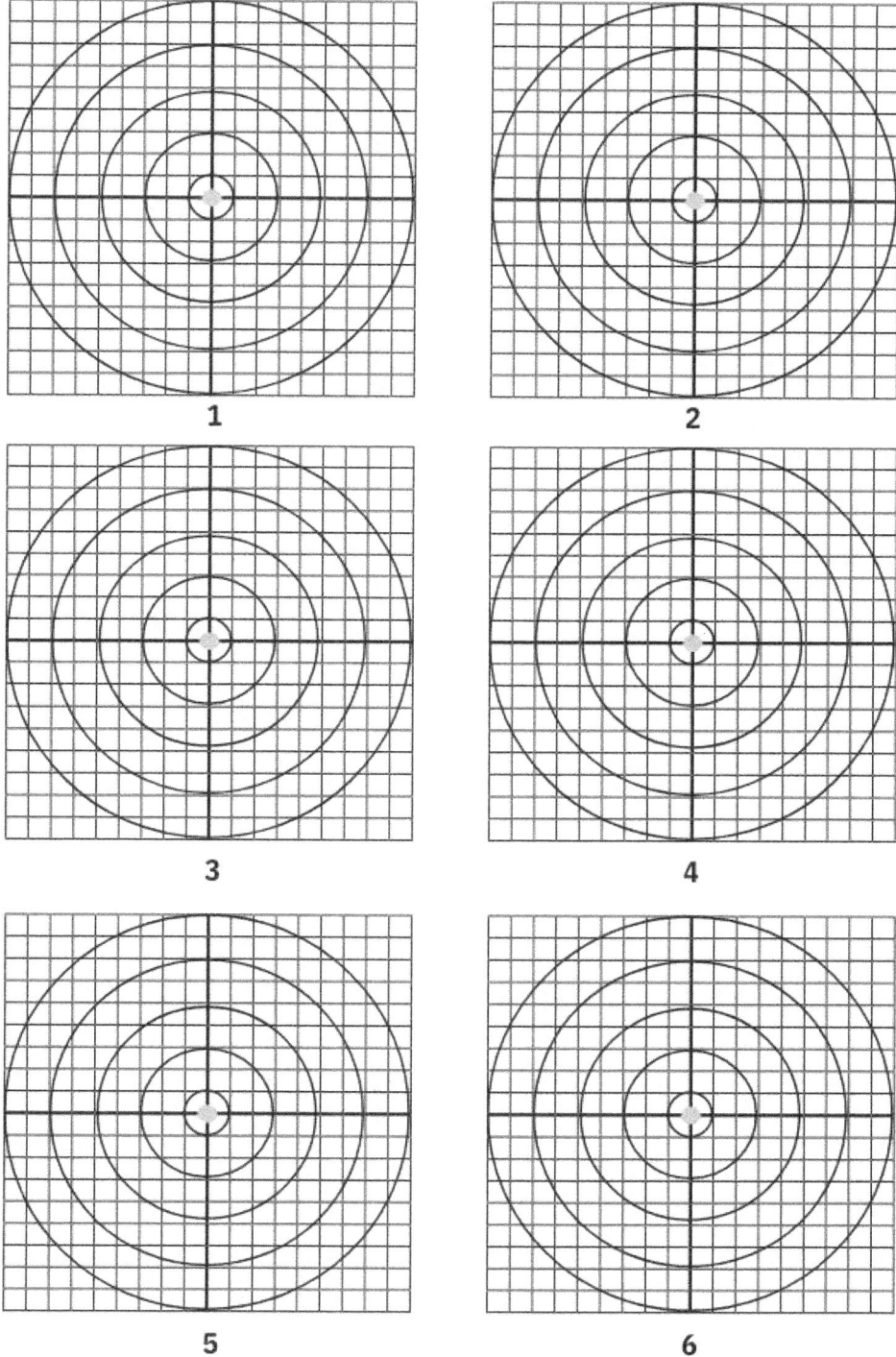

Une idée de cadeau parfaite pour les débutants et les professionnels

Livre de données sur le tir sportif

📅 Date: _____ 🕐 Temps: _____

📍 Localisation: _____

Conditions météorologiques

☀️ ☁️ 🌤️ ☁️ 🌧️ 🌨️ 🚩 🌡️
☐ ☐ ☐ ☐ ☐ ☐ _____ _____

Armes à feu:	
Balle:	Profondeur d'assise:
Poudre:	Céréales:
L'abécédaire:	
Laiton:	
Distance:	

Résultats globaux

☐ Mauvais ☐ Juste ☐ Bon ☐ Excellent

Notes complémentaires

_____

_____

_____

☆ ☆ ☆ ☆ ☆

Une idée de cadeau parfaite pour les débutants et les professionnels

Livre de données sur le tir sportif

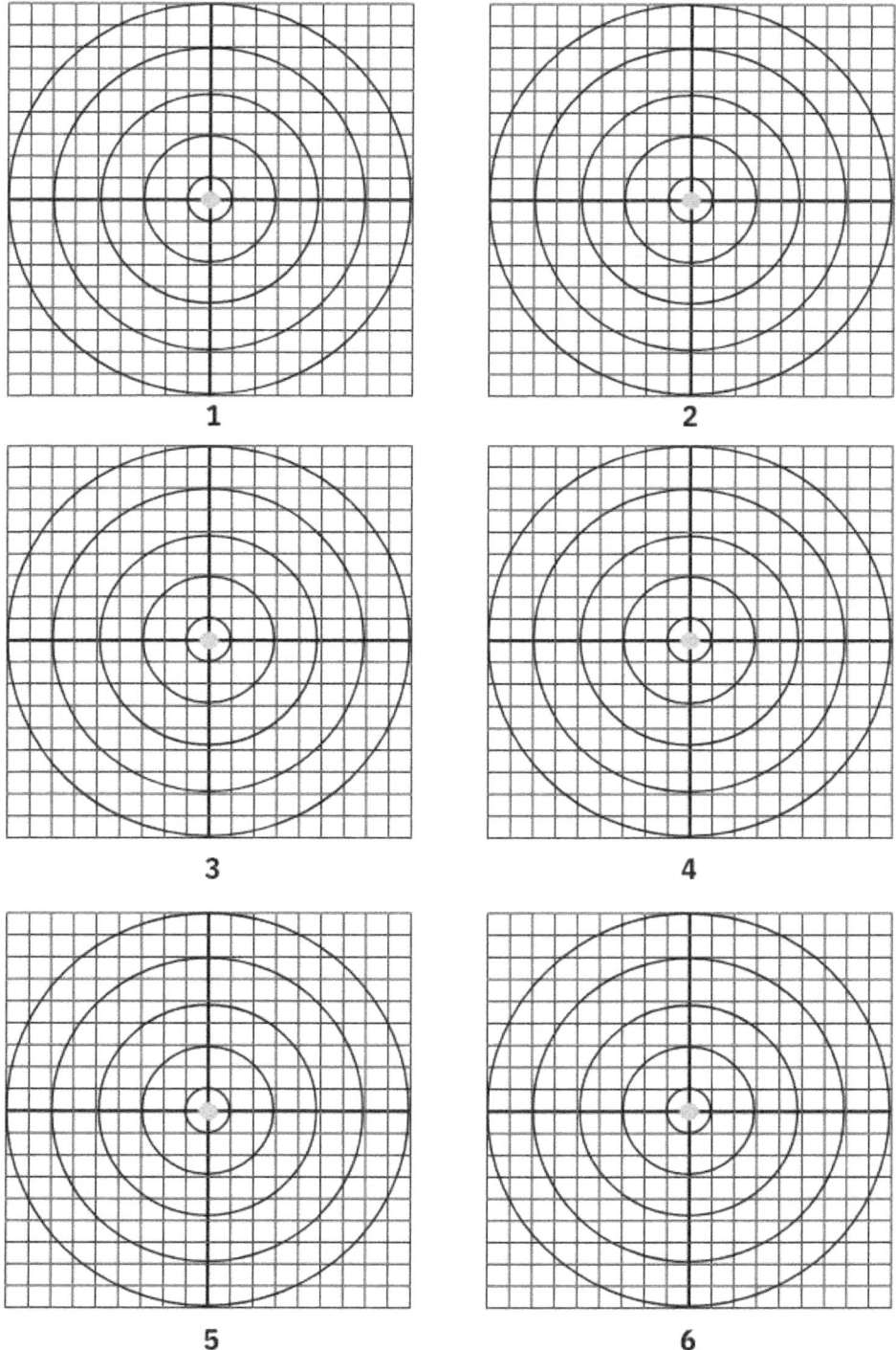

Une idée de cadeau parfaite pour les débutants et les professionnels

Livre de données sur le tir sportif

Date: _____   Temps: _____

Localisation: _____

Conditions météorologiques

☐ ☐ ☐ ☐ ☐ ☐

Armes à feu:	
Balle:	Profondeur d'assise:
Poudre:	Céréales:
L'abécédaire:	
Laiton:	
Distance:	

Résultats globaux

☐ Mauvais   ☐ Juste   ☐ Bon   ☐ Excellent

Notes complémentaires

_____
_____
_____

☆ ☆ ☆ ☆ ☆

Une idée de cadeau parfaite pour les débutants et les professionnels

Livre de données sur le tir sportif

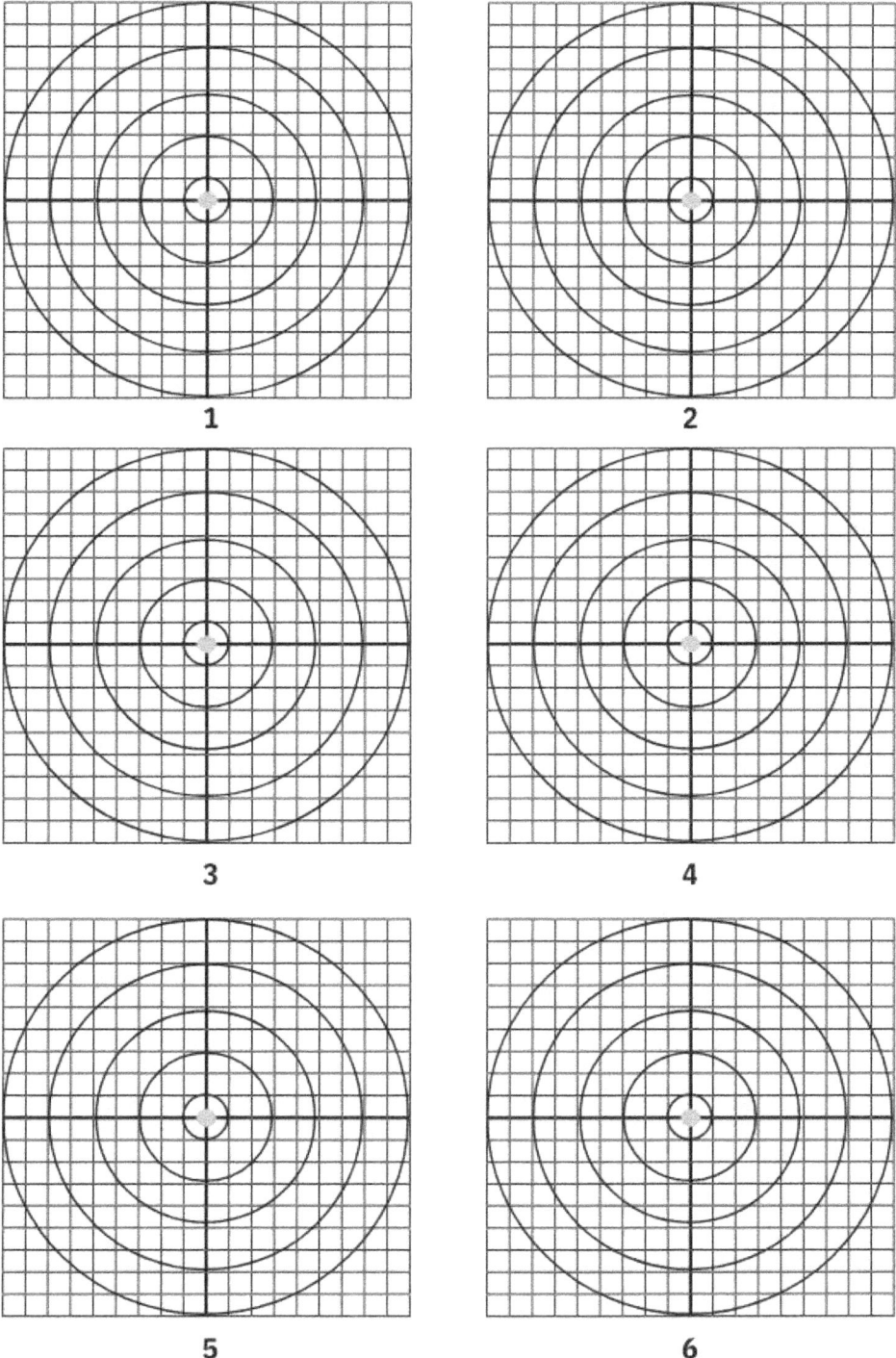

Une idée de cadeau parfaite pour les débutants et les professionnels

Livre de données sur le tir sportif

📅 Date: _____ 🕐 Temps: _____

📍 Localisation: _____

Conditions météorologiques

☀️ ☁️ 🌤️ ☁️ 🌧️ 🌨️ 🚩 🌡️
☐   ☐   ☐   ☐   ☐   ☐

Armes à feu:	
Balle:	Profondeur d'assise:
Poudre:	Céréales:
L'abécédaire:	
Laiton:	
Distance:	

Résultats globaux

☐ Mauvais   ☐ Juste   ☐ Bon   ☐ Excellent

Notes complémentaires

_____
_____
_____

☆ ☆ ☆ ☆ ☆

Une idée de cadeau parfaite pour les débutants et les professionnels

Livre de données sur le tir sportif

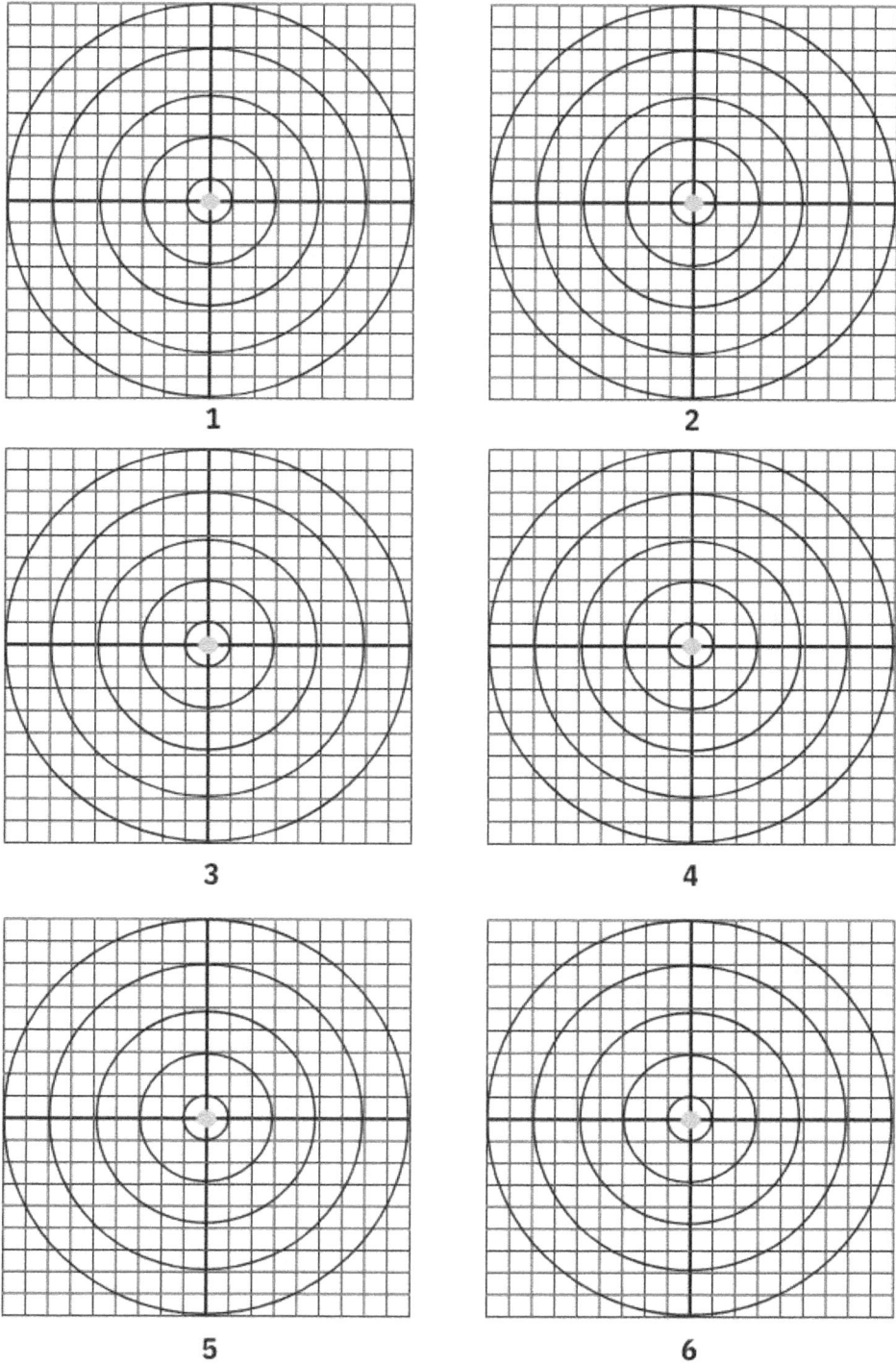

Une idée de cadeau parfaite pour les débutants et les professionnels

Livre de données sur le tir sportif

📅 Date: _____ 🕐 Temps: _____

📍 Localisation: _____

Conditions météorologiques

☀️ ☁️ 🌥️ ☁️ 🌧️ 🌨️ 🚩 🌡️
☐ ☐ ☐ ☐ ☐ ☐ ____

Armes à feu:	
Balle:	Profondeur d'assise:
Poudre:	Céréales:
L'abécédaire:	
Laiton:	
Distance:	

Résultats globaux

☐ Mauvais ☐ Juste ☐ Bon ☐ Excellent

Notes complémentaires

_____
_____
_____

☆ ☆ ☆ ☆ ☆

Une idée de cadeau parfaite pour les débutants et les professionnels

Livre de données sur le tir sportif

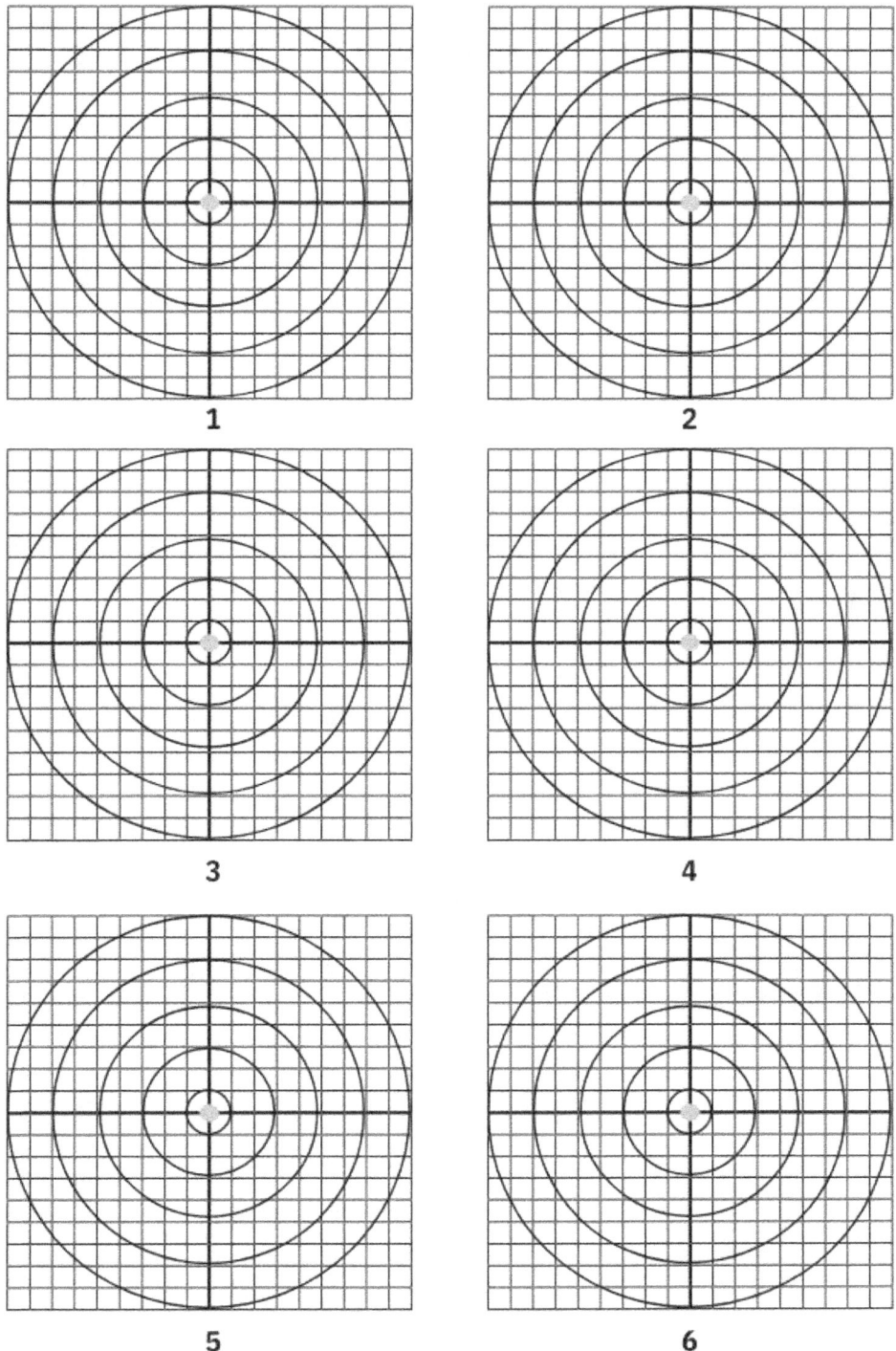

Une idée de cadeau parfaite pour les débutants et les professionnels

Livre de données sur le tir sportif

📅 Date: _____   🕐 Temps: _____

📍 Localisation: _____

Conditions météorologiques

☀ ☁ 🌤 🌥 🌧 🌨 🚩 🌡
☐ ☐ ☐ ☐ ☐ ☐ _____

Armes à feu:	
Balle:	Profondeur d'assise:
Poudre:	Céréales:
L'abécédaire:	
Laiton:	
Distance:	

Résultats globaux

☐ Mauvais   ☐ Juste   ☐ Bon   ☐ Excellent

Notes complémentaires

_____
_____
_____

☆ ☆ ☆ ☆ ☆

Une idée de cadeau parfaite pour les débutants et les professionnels

Livre de données sur le tir sportif

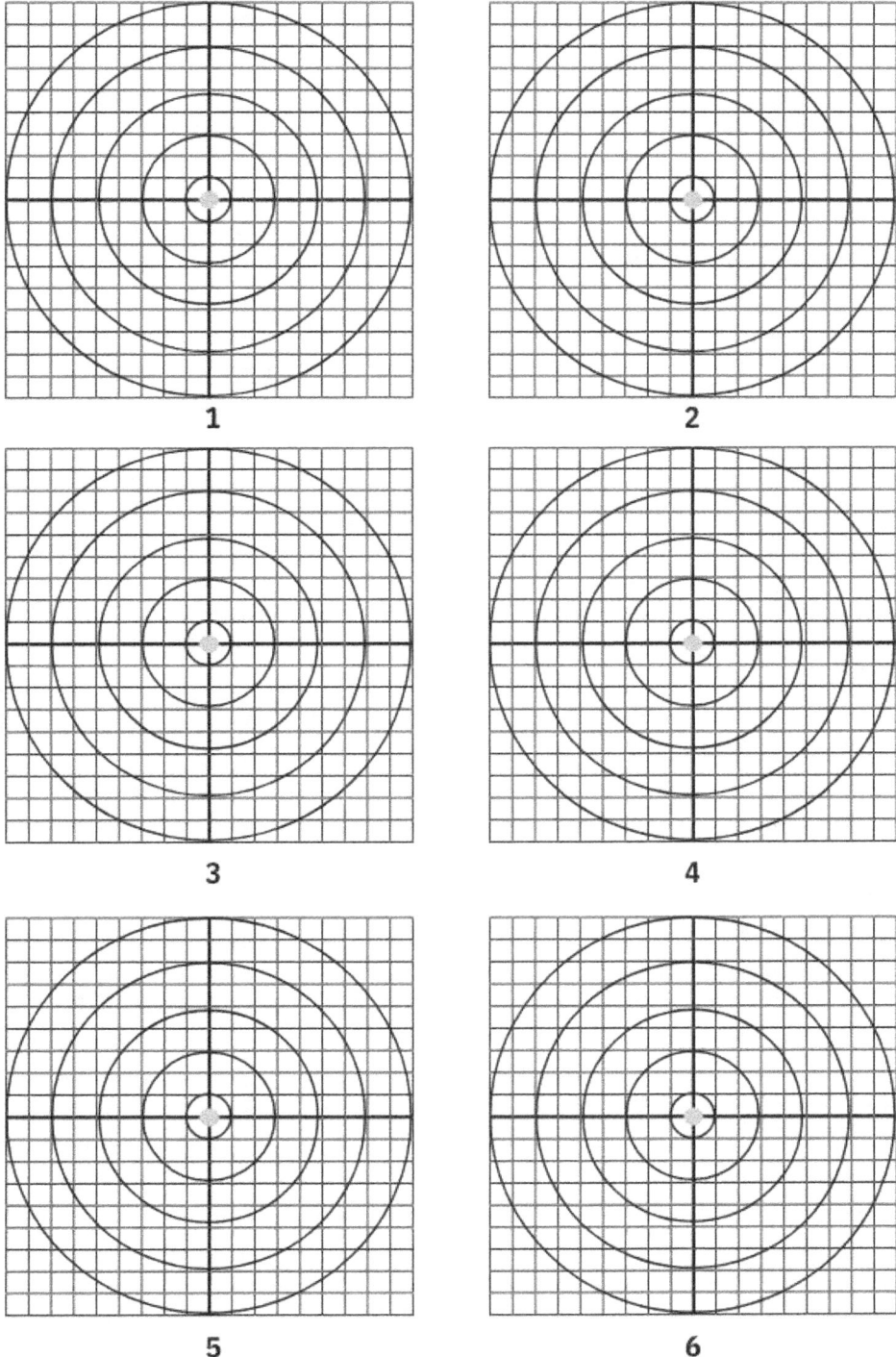

Une idée de cadeau parfaite pour les débutants et les professionnels

Livre de données sur le tir sportif

📅 Date: _____ 🕐 Temps: _____

📍 Localisation: _____

Conditions météorologiques

☀️ ☁️ 🌤️ 🌧️ 🌧️ 🌨️ 🚩 🌡️
☐ ☐ ☐ ☐ ☐ ☐ ____ ____

Armes à feu:	
Balle:	Profondeur d'assise:
Poudre:	Céréales:
L'abécédaire:	
Laiton:	
Distance:	

Résultats globaux

☐ Mauvais ☐ Juste ☐ Bon ☐ Excellent

Notes complémentaires

_____
_____
_____

☆ ☆ ☆ ☆ ☆

Une idée de cadeau parfaite pour les débutants et les professionnels

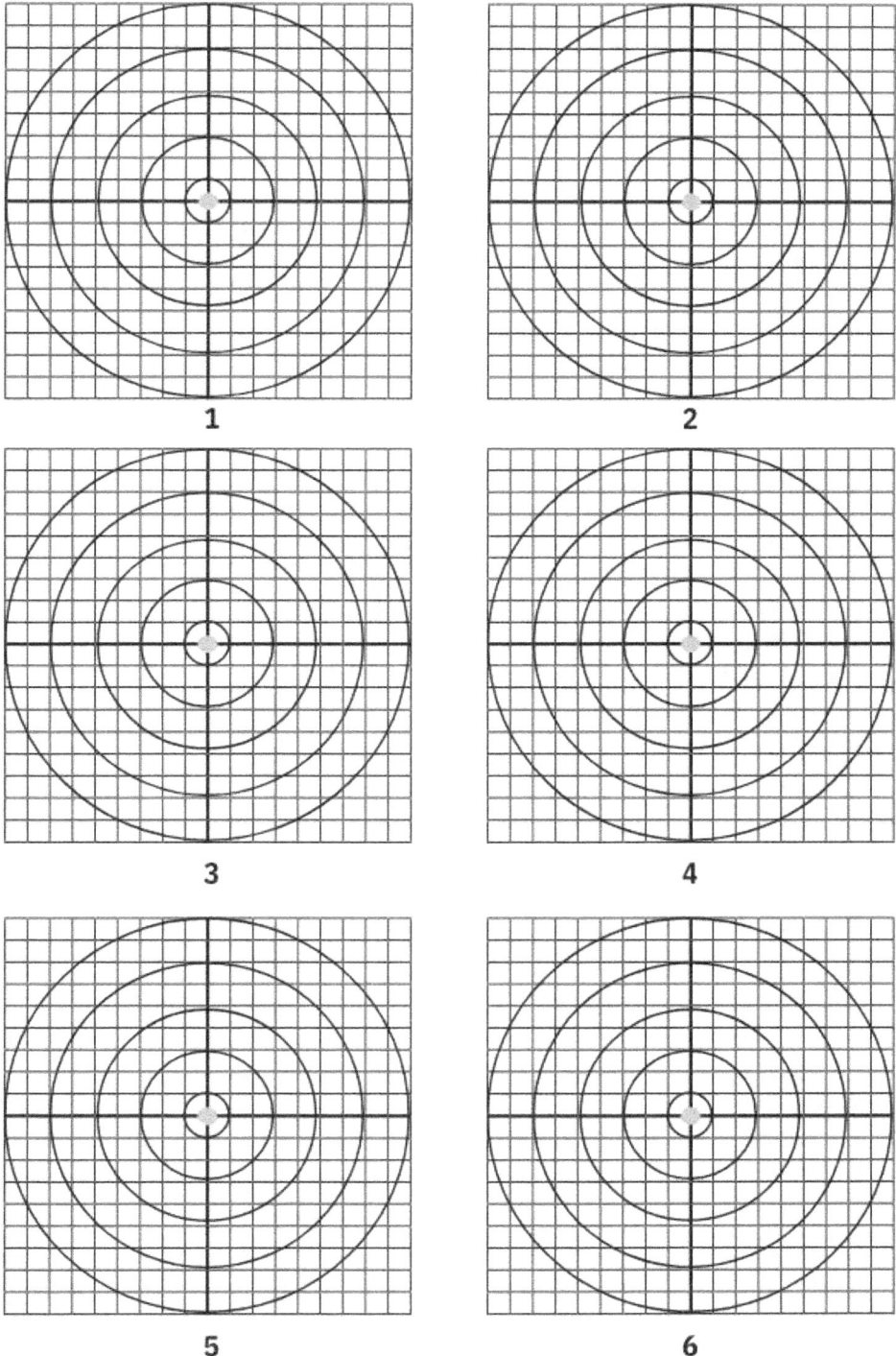

Livre de données sur le tir sportif

Date: _____ Temps: _____

Localisation: _____

Conditions météorologiques

☀ ☁ ⛅ ☁ 🌧 🌨 🚩 🌡
☐ ☐ ☐ ☐ ☐ ☐   _____

Armes à feu:	
Balle:	Profondeur d'assise:
Poudre:	Céréales:
L'abécédaire:	
Laiton:	
Distance:	

Résultats globaux

☐ Mauvais ☐ Juste ☐ Bon ☐ Excellent

Notes complémentaires

_____
_____
_____

☆ ☆ ☆ ☆ ☆

Une idée de cadeau parfaite pour les débutants et les professionnels

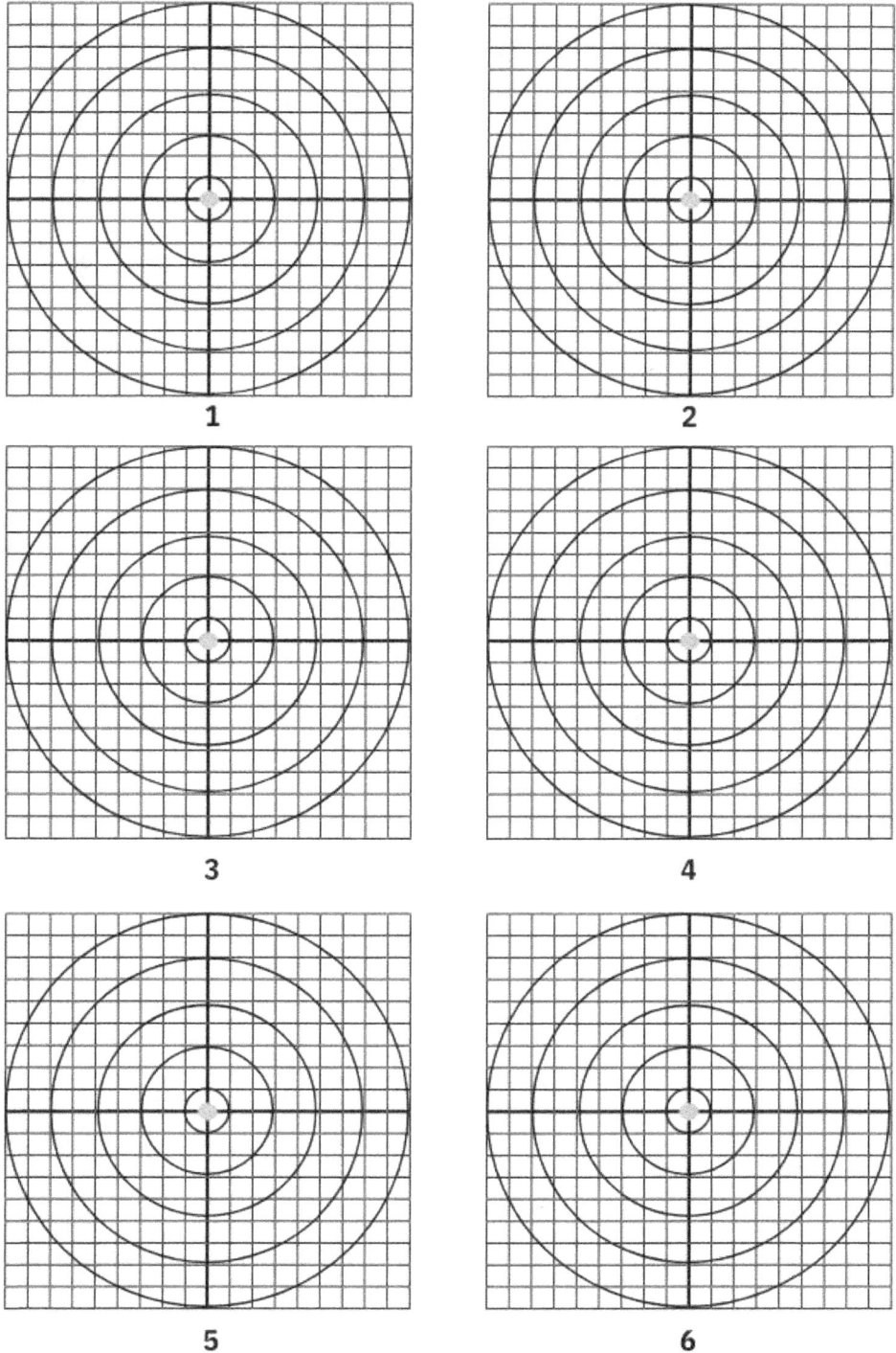

Livre de données sur le tir sportif

Date: _____ Temps: _____

Localisation: _____

Conditions météorologiques

☀ ☁ ⛅ 🌧 ☁ 🌨 ⚐ 🌡
☐ ☐ ☐ ☐ ☐ ☐ ___ ___

Armes à feu:	
Balle:	Profondeur d'assise:
Poudre:	Céréales:
L'abécédaire:	
Laiton:	
Distance:	

Résultats globaux

☐ Mauvais ☐ Juste ☐ Bon ☐ Excellent

Notes complémentaires

_____
_____
_____

☆ ☆ ☆ ☆ ☆

Une idée de cadeau parfaite pour les débutants et les professionnels

Livre de données sur le tir sportif

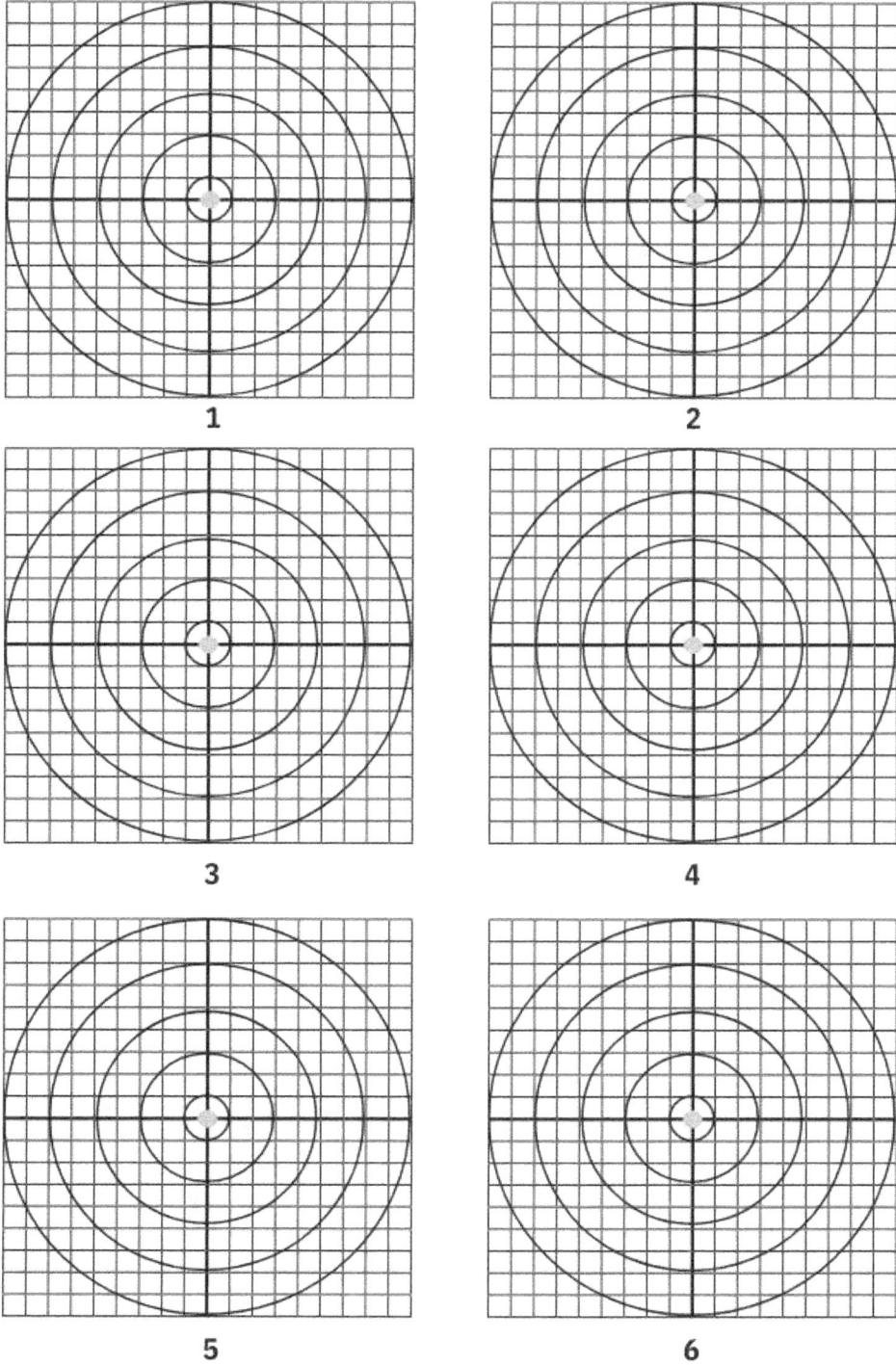

Une idée de cadeau parfaite pour les débutants et les professionnels

Livre de données sur le tir sportif

📅 Date: _____ 🕐 Temps: _____

📍 Localisation: _____

Conditions météorologiques

☀️ ☁️ ⛅ 🌧️ ☁️ 🌨️ 🚩 🌡️
☐ ☐ ☐ ☐ ☐ ☐ ____ ____

Armes à feu:	
Balle:	Profondeur d'assise:
Poudre:	Céréales:
L'abécédaire:	
Laiton:	
Distance:	

Résultats globaux

☐ Mauvais ☐ Juste ☐ Bon ☐ Excellent

Notes complémentaires

_____
_____

☆ ☆ ☆ ☆ ☆

Une idée de cadeau parfaite pour les débutants et les professionnels

Livre de données sur le tir sportif

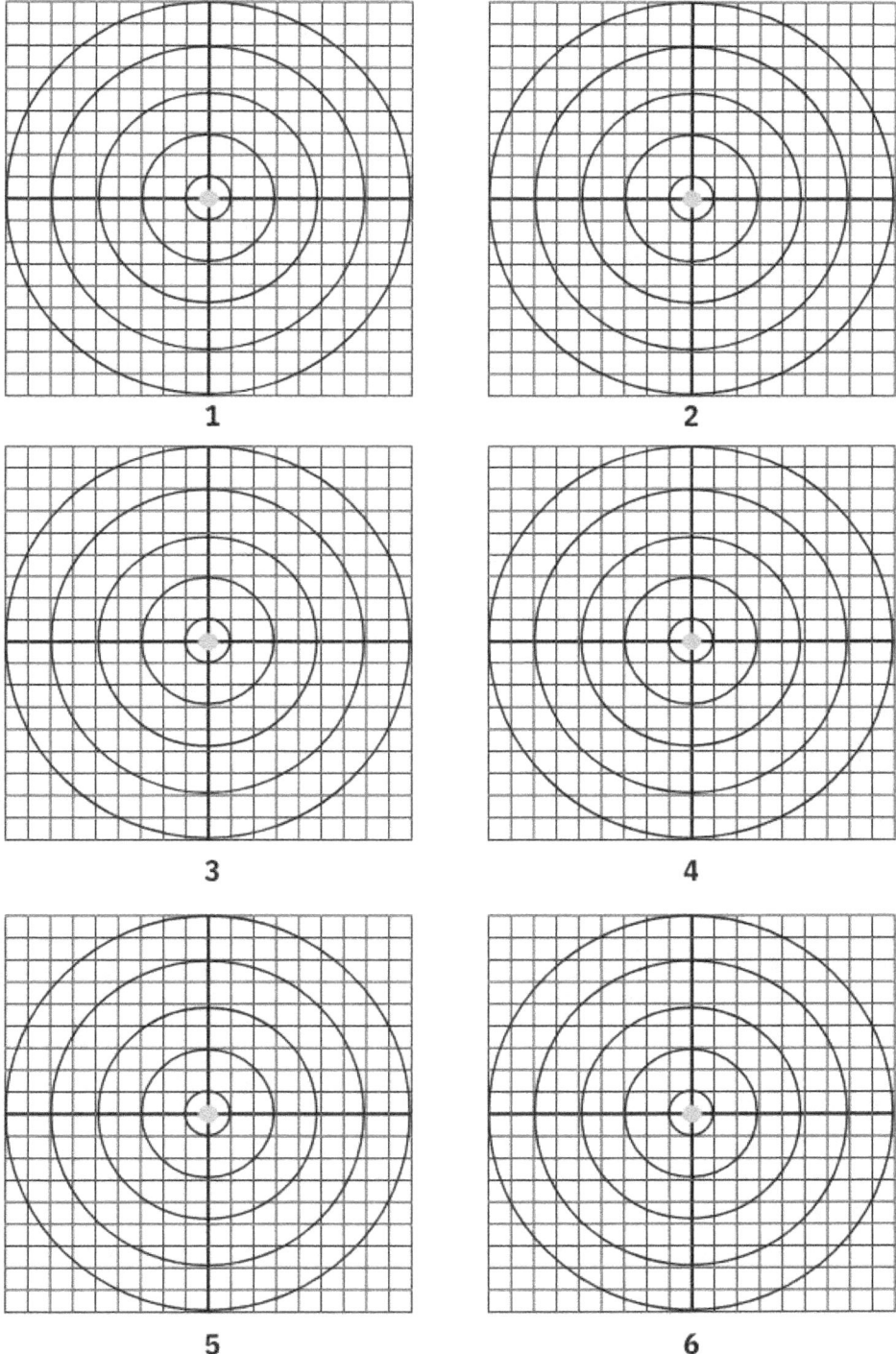

Une idée de cadeau parfaite pour les débutants et les professionnels

Livre de données sur le tir sportif

📅 Date: _____ 🕐 Temps: _____

📍 Localisation: _____

Conditions météorologiques

☀️ ☁️ 🌤️ 🌥️ 🌧️ 🌨️ 🚩 🌡️
☐ ☐ ☐ ☐ ☐ ☐ ___ ___

Armes à feu:	
Balle:	Profondeur d'assise:
Poudre:	Céréales:
L'abécédaire:	
Laiton:	
Distance:	

Résultats globaux

☐ Mauvais ☐ Juste ☐ Bon ☐ Excellent

Notes complémentaires

_____
_____
_____

☆ ☆ ☆ ☆ ☆

Une idée de cadeau parfaite pour les débutants et les professionnels

Livre de données sur le tir sportif

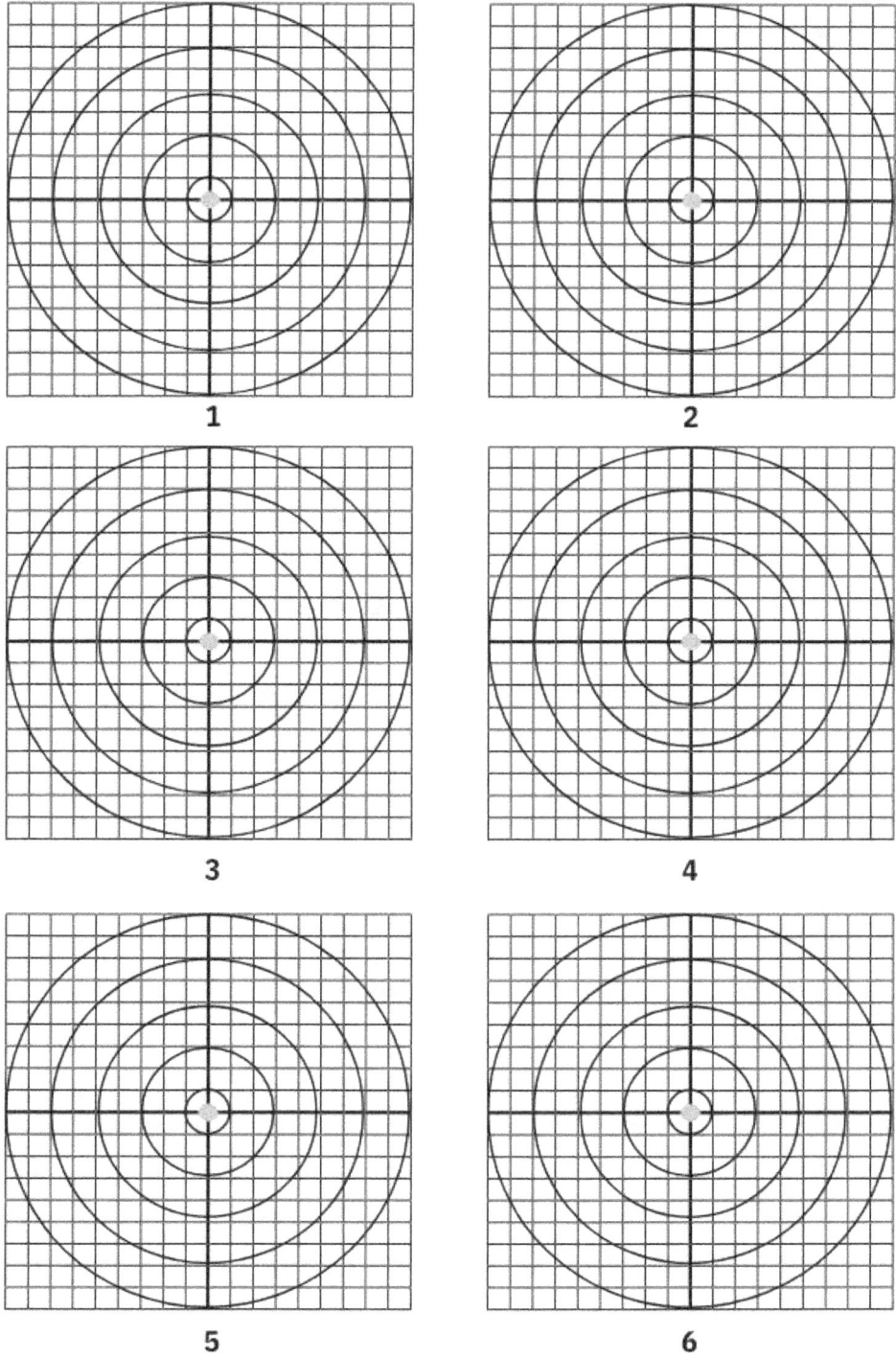

Une idée de cadeau parfaite pour les débutants et les professionnels

Livre de données sur le tir sportif

📅 Date: _____ 🕐 Temps: _____

📍 Localisation: _____

Conditions météorologiques

☀️ ☁️ 🌥️ 🌧️ ⛈️ 🌨️ 🚩 🌡️
☐ ☐ ☐ ☐ ☐ ☐ _____

Armes à feu:	
Balle:	Profondeur d'assise:
Poudre:	Céréales:
L'abécédaire:	
Laiton:	
Distance:	

Résultats globaux

☐ Mauvais   ☐ Juste   ☐ Bon   ☐ Excellent

Notes complémentaires

_____
_____
_____

☆ ☆ ☆ ☆ ☆

Une idée de cadeau parfaite pour les débutants et les professionnels

Livre de données sur le tir sportif

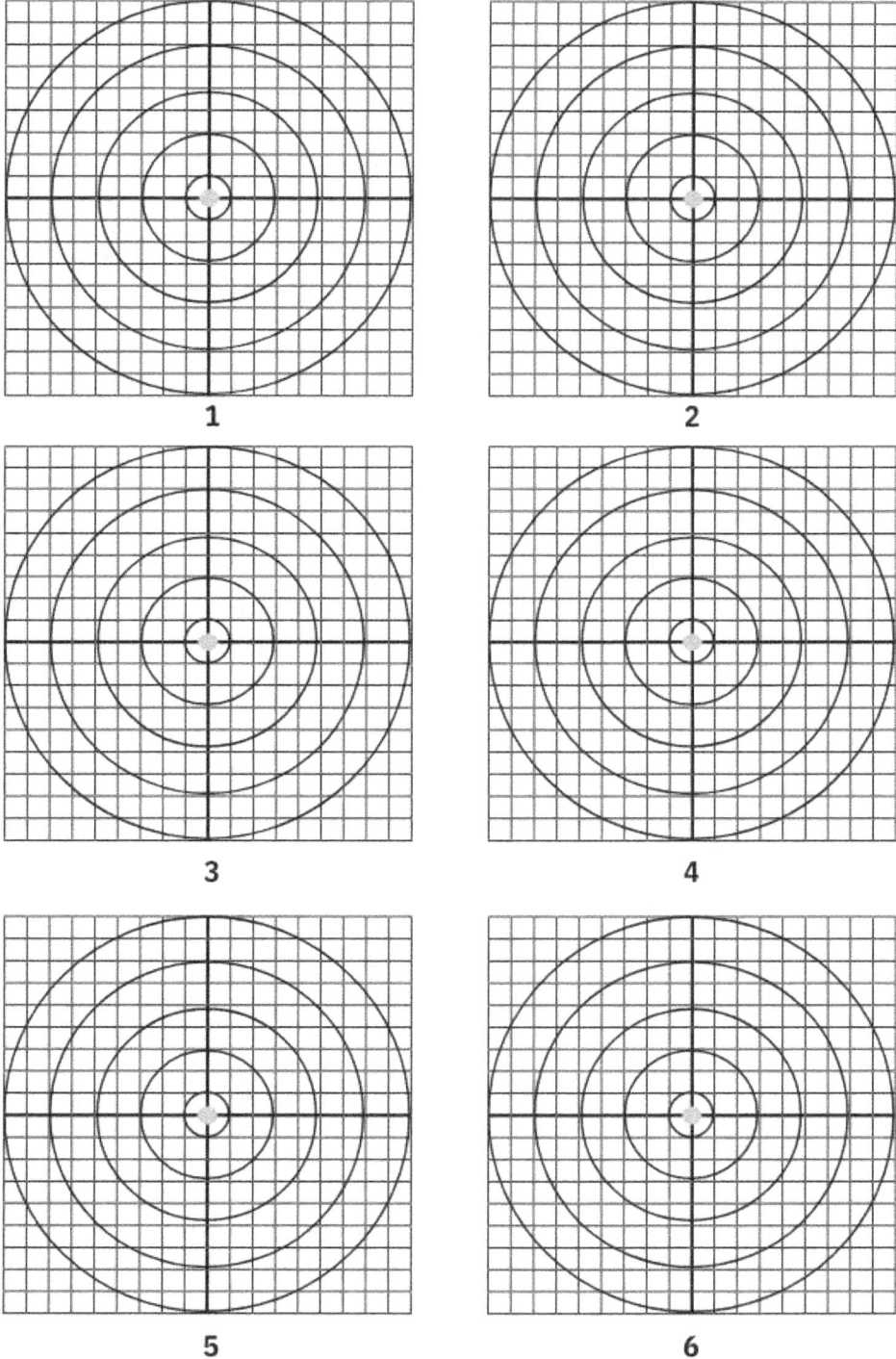

Une idée de cadeau parfaite pour les débutants et les professionnels

Livre de données sur le tir sportif

Date: _____ Temps: _____

Localisation: _____

Conditions météorologiques

☀ ☁ ⛅ ☁ 🌧 🌨 🚩 🌡
☐ ☐ ☐ ☐ ☐ ☐

Armes à feu:	
Balle:	Profondeur d'assise:
Poudre:	Céréales:
L'abécédaire:	
Laiton:	
Distance:	

Résultats globaux

☐ Mauvais ☐ Juste ☐ Bon ☐ Excellent

Notes complémentaires

_____
_____
_____

☆ ☆ ☆ ☆ ☆

Une idée de cadeau parfaite pour les débutants et les professionnels

Livre de données sur le tir sportif

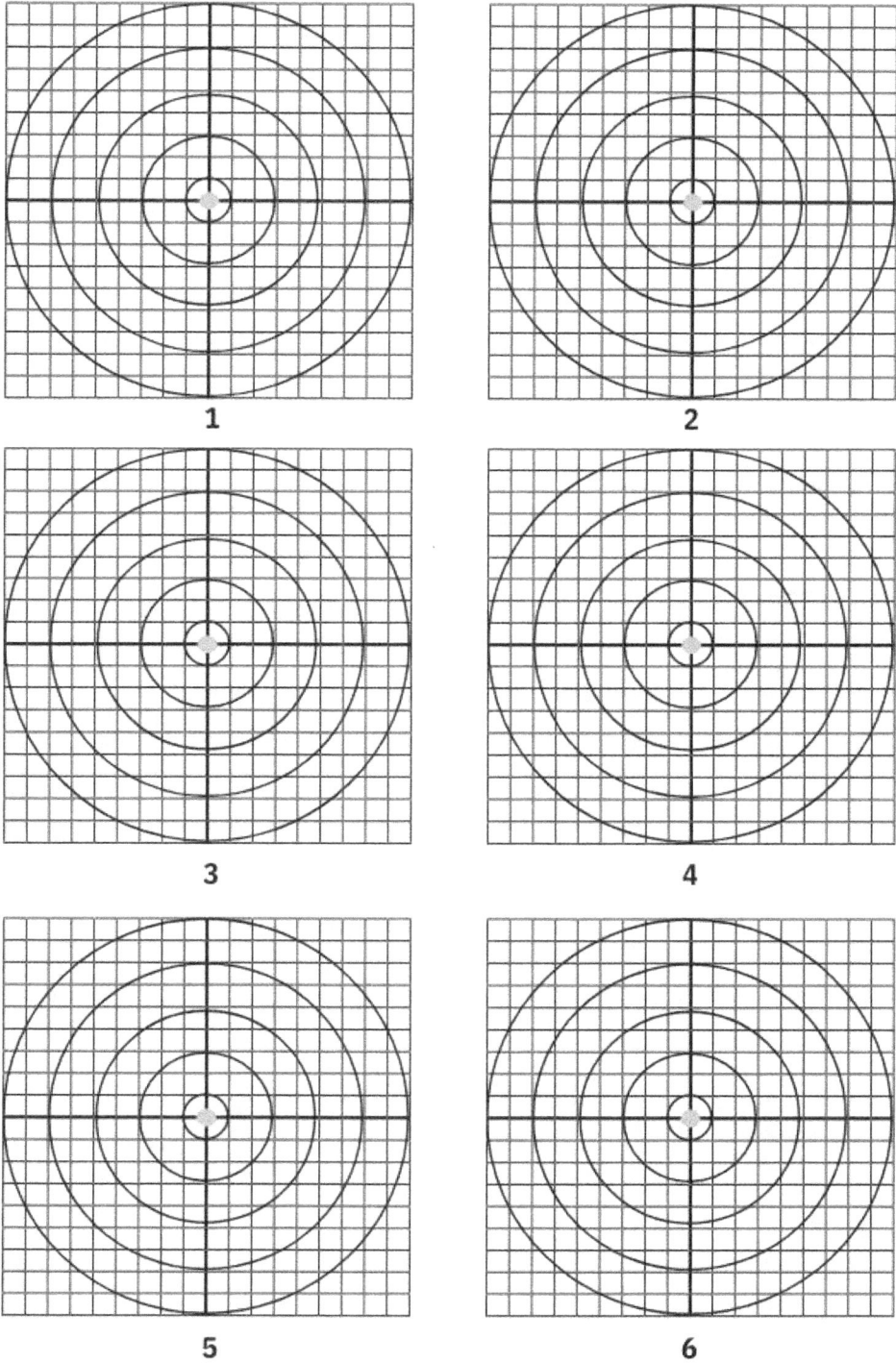

Une idée de cadeau parfaite pour les débutants et les professionnels

Livre de données sur le tir sportif

Date: _____   Temps: _____

Localisation: _____

Conditions météorologiques

☐ ☐ ☐ ☐ ☐ ☐ _____

Armes à feu:	
Balle:	Profondeur d'assise:
Poudre:	Céréales:
L'abécédaire:	
Laiton:	
Distance:	

Résultats globaux

☐ Mauvais   ☐ Juste   ☐ Bon   ☐ Excellent

Notes complémentaires

_____

_____

☆ ☆ ☆ ☆ ☆

Une idée de cadeau parfaite pour les débutants et les professionnels

Livre de données sur le tir sportif

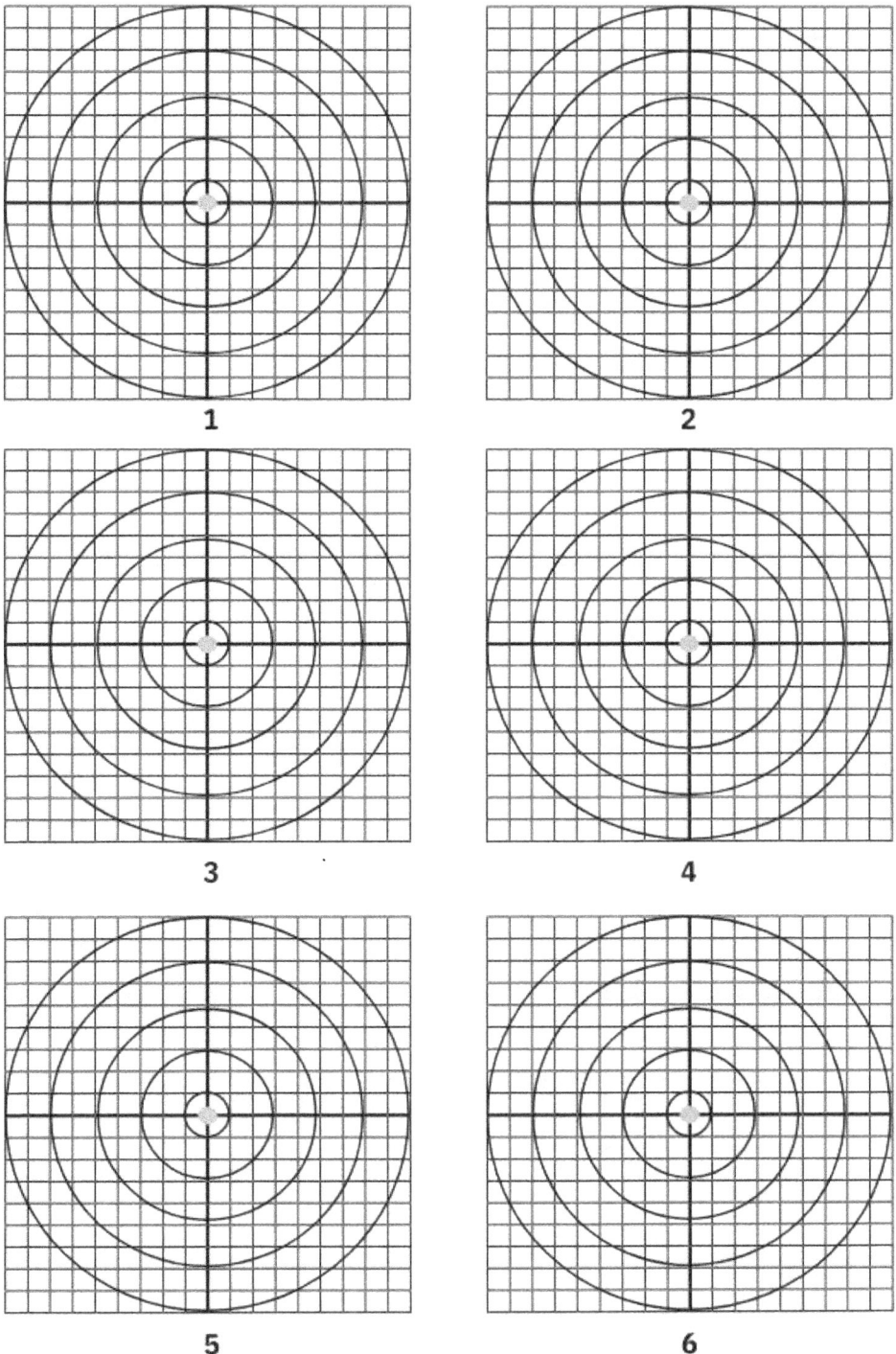

Une idée de cadeau parfaite pour les débutants et les professionnels

Livre de données sur le tir sportif

Date: _____ Temps: _____

Localisation: _____

Conditions météorologiques

☐ ☐ ☐ ☐ ☐ ☐ ☐ _____

Armes à feu:	
Balle:	Profondeur d'assise:
Poudre:	Céréales:
L'abécédaire:	
Laiton:	
Distance:	

Résultats globaux

☐ Mauvais ☐ Juste ☐ Bon ☐ Excellent

Notes complémentaires

_____
_____

☆ ☆ ☆ ☆ ☆

Une idée de cadeau parfaite pour les débutants et les professionnels

Livre de données sur le tir sportif

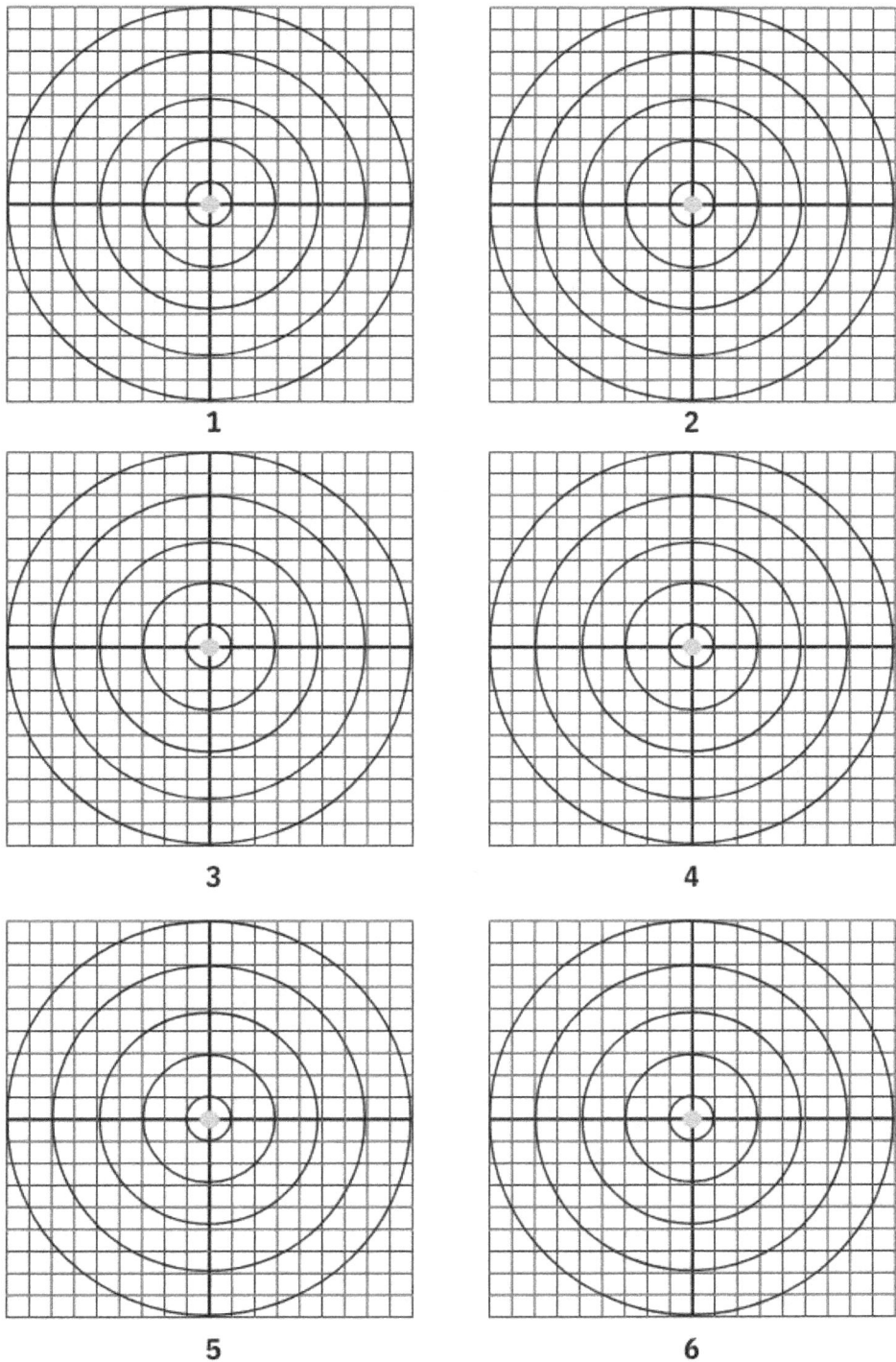

Une idée de cadeau parfaite pour les débutants et les professionnels

Livre de données sur le tir sportif

📅 Date: _____   🕐 Temps: _____

📍 Localisation: _____

Conditions météorologiques

☀️ ☁️ 🌤️ ☁️ ☁️ 🌨️ 🚩 🌡️
☐   ☐   ☐   ☐   ☐   ☐

Armes à feu:	
Balle:	Profondeur d'assise:
Poudre:	Céréales:
L'abécédaire:	
Laiton:	
Distance:	

Résultats globaux

☐ Mauvais   ☐ Juste   ☐ Bon   ☐ Excellent

Notes complémentaires

_____
_____
_____

☆ ☆ ☆ ☆ ☆

Une idée de cadeau parfaite pour les débutants et les professionnels

Livre de données sur le tir sportif

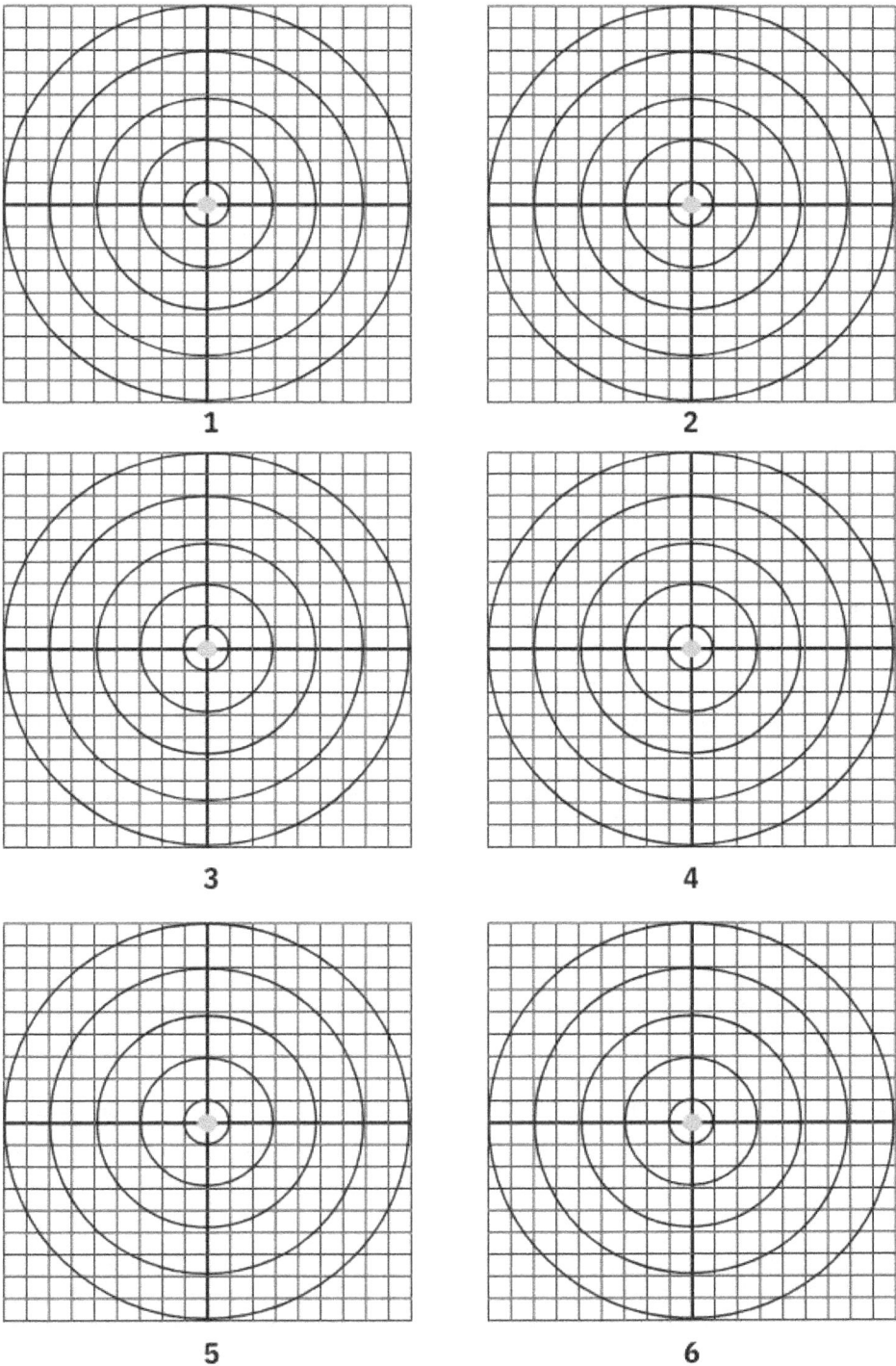

Une idée de cadeau parfaite pour les débutants et les professionnels

Livre de données sur le tir sportif

📅 Date: _____   🕐 Temps: _____

📍 Localisation: _____

Conditions météorologiques

☀️ ☁️ 🌤️ ⛅ ☁️ 🌧️ 🏳️ 🌡️
☐ ☐ ☐ ☐ ☐ ☐ ____ ____

Armes à feu:	
Balle:	Profondeur d'assise:
Poudre:	Céréales:
L'abécédaire:	
Laiton:	
Distance:	

Résultats globaux

☐ Mauvais   ☐ Juste   ☐ Bon   ☐ Excellent

Notes complémentaires

_____
_____
_____

☆ ☆ ☆ ☆ ☆

Une idée de cadeau parfaite pour les débutants et les professionnels

Livre de données sur le tir sportif

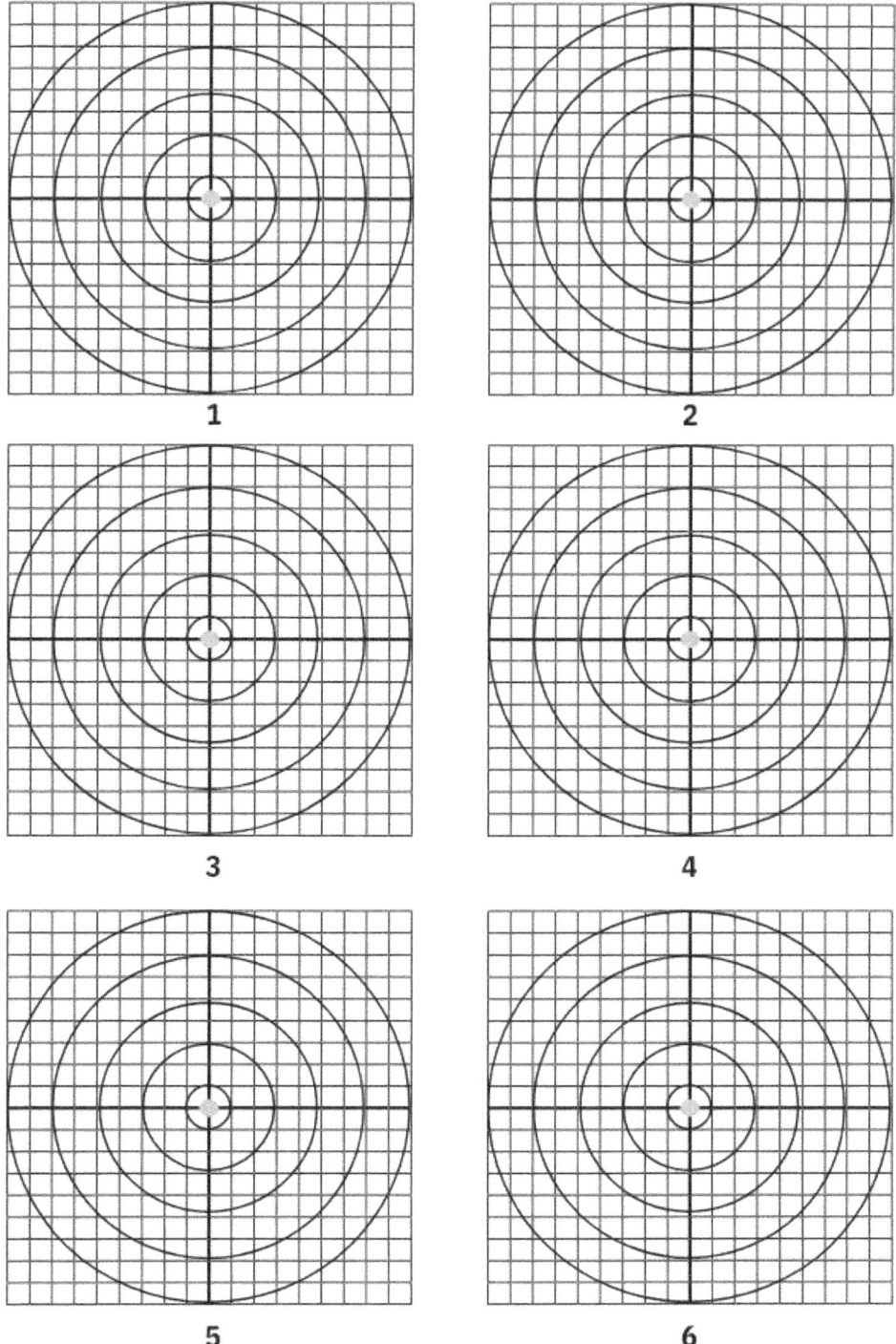

Une idée de cadeau parfaite pour les débutants et les professionnels

Livre de données sur le tir sportif

Date: _____ **Temps:** _____

Localisation: _____

Conditions météorologiques

☀ ☁ ⛅ 🌧 🌧 🌨 ⚑ 🌡
☐ ☐ ☐ ☐ ☐ ☐ _____

Armes à feu:	
Balle:	Profondeur d'assise:
Poudre:	Céréales:
L'abécédaire:	
Laiton:	
Distance:	

Résultats globaux

☐ Mauvais ☐ Juste ☐ Bon ☐ Excellent

Notes complémentaires

_____
_____
_____

☆ ☆ ☆ ☆ ☆

Une idée de cadeau parfaite pour les débutants et les professionnels

Livre de données sur le tir sportif

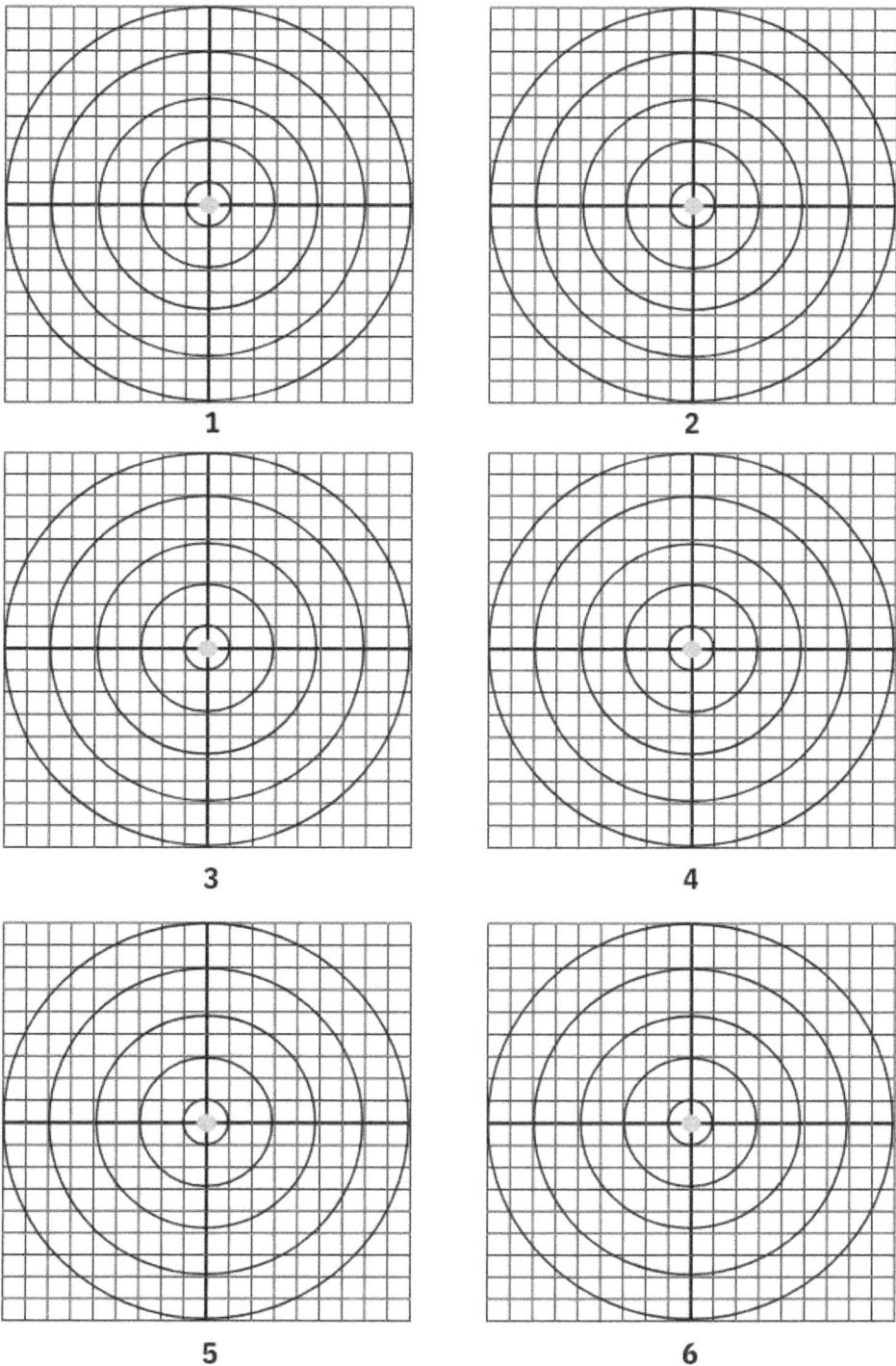

Une idée de cadeau parfaite pour les débutants et les professionnels

Livre de données sur le tir sportif

📅 Date: _____ 🕐 Temps: _____

📍 Localisation: _____

Conditions météorologiques

☀️ ☁️ 🌥️ 🌧️ 🌧️ 🌨️ 🚩 🌡️
☐ ☐ ☐ ☐ ☐ ☐ ____ ____

Armes à feu:	
Balle:	Profondeur d'assise:
Poudre:	Céréales:
L'abécédaire:	
Laiton:	
Distance:	

Résultats globaux

☐ Mauvais ☐ Juste ☐ Bon ☐ Excellent

Notes complémentaires

_____
_____
_____

☆ ☆ ☆ ☆ ☆

Une idée de cadeau parfaite pour les débutants et les professionnels

Livre de données sur le tir sportif

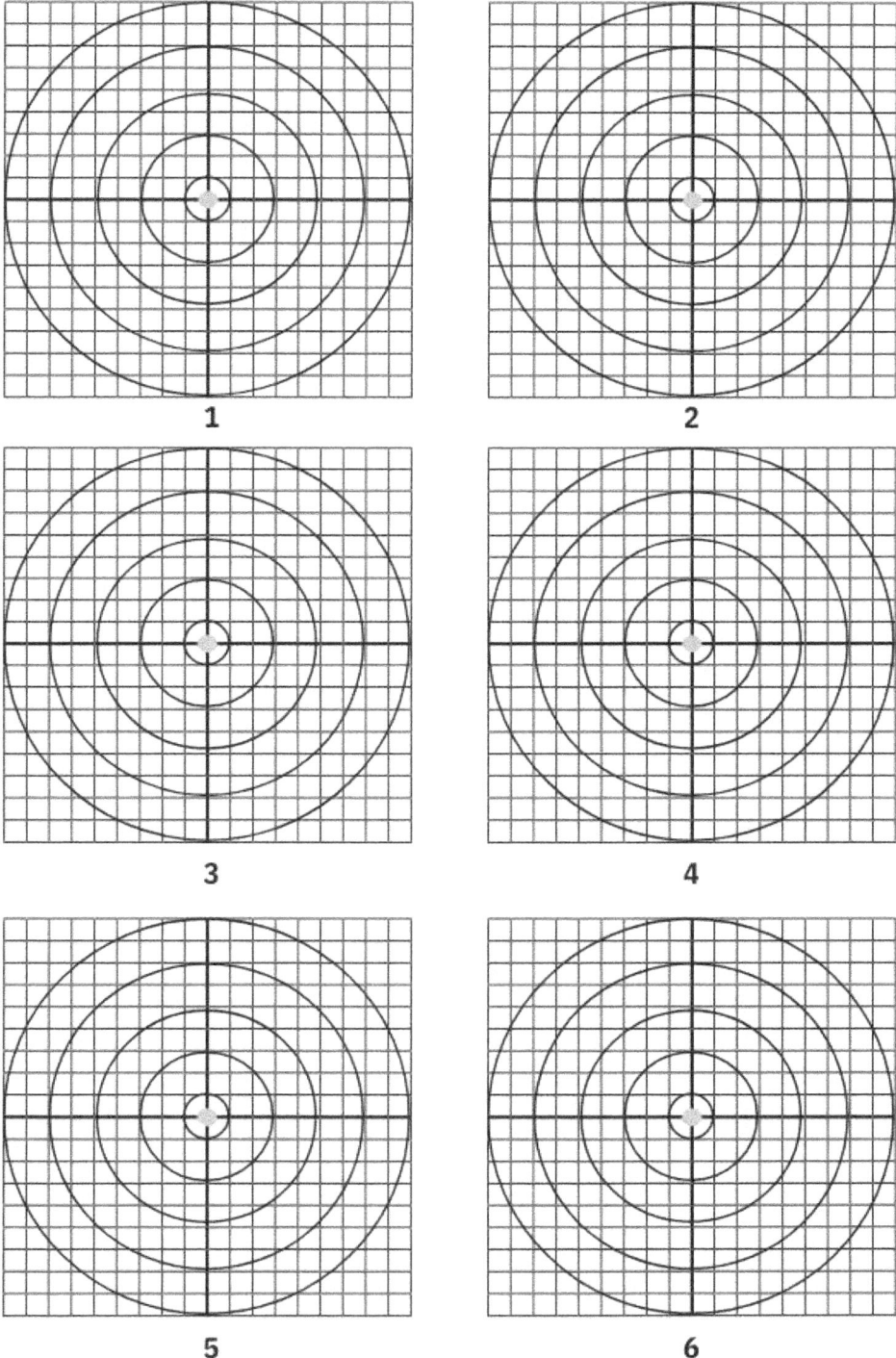

Une idée de cadeau parfaite pour les débutants et les professionnels

Livre de données sur le tir sportif

📅 Date: _____ 🕐 Temps: _____

📍 Localisation: _____

Conditions météorologiques

☀️ ☁️ ⛅ ☁️ 🌦️ 🌨️ 🚩 🌡️
☐ ☐ ☐ ☐ ☐ ☐ ____ ____

Armes à feu:	
Balle:	Profondeur d'assise:
Poudre:	Céréales:
L'abécédaire:	
Laiton:	
Distance:	

Résultats globaux

☐ Mauvais ☐ Juste ☐ Bon ☐ Excellent

Notes complémentaires

_____
_____
_____

☆ ☆ ☆ ☆ ☆

Une idée de cadeau parfaite pour les débutants et les professionnels

Livre de données sur le tir sportif

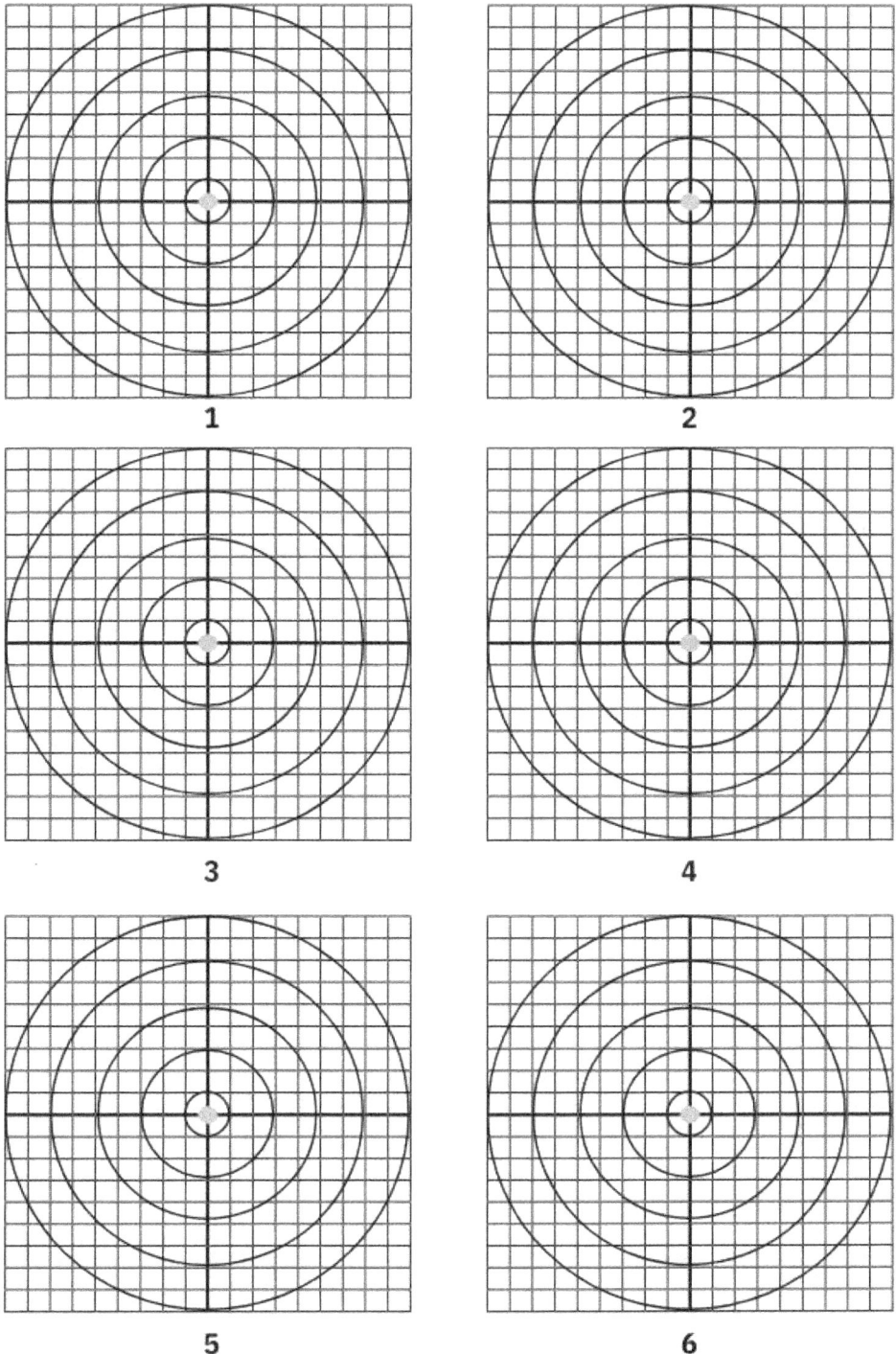

Une idée de cadeau parfaite pour les débutants et les professionnels

Livre de données sur le tir sportif

📅 Date: _____   🕐 Temps: _____

📍 Localisation: _____

Conditions météorologiques

☀ ☁ ⛅ 🌥 🌧 🌨 🚩 🌡
☐ ☐ ☐ ☐ ☐ ☐

Armes à feu:	
Balle:	Profondeur d'assise:
Poudre:	Céréales:
L'abécédaire:	
Laiton:	
Distance:	

Résultats globaux

☐ Mauvais   ☐ Juste   ☐ Bon   ☐ Excellent

Notes complémentaires

_____
_____
_____

☆ ☆ ☆ ☆ ☆

Une idée de cadeau parfaite pour les débutants et les professionnels

Livre de données sur le tir sportif

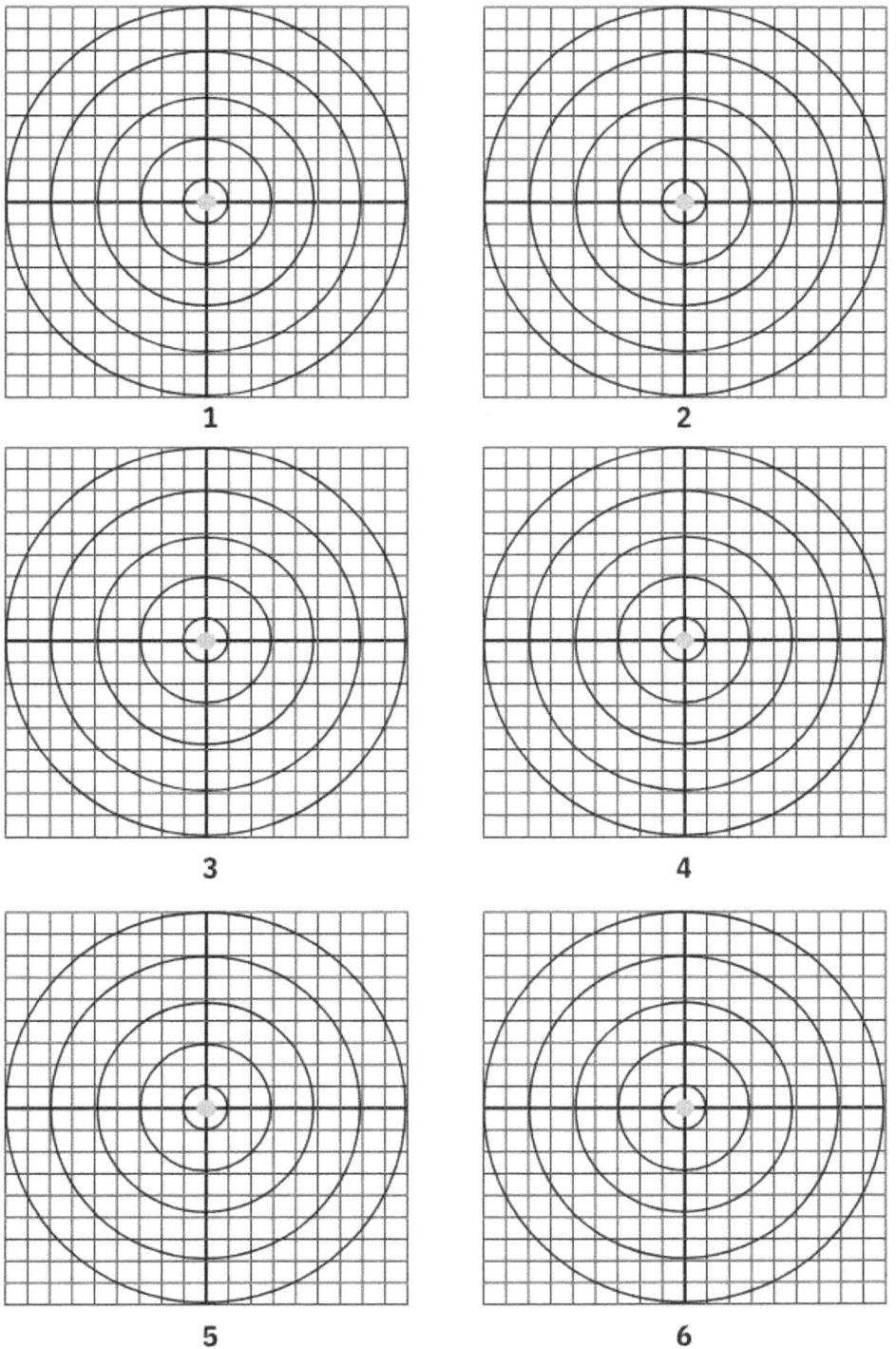

Une idée de cadeau parfaite pour les débutants et les professionnels

Livre de données sur le tir sportif

📅 Date: _____ 🕐 Temps: _____

📍 Localisation: _____

Conditions météorologiques

☀️ ☁️ ⛅ 🌧️ 🌧️ 🌨️ 🚩 🌡️
☐ ☐ ☐ ☐ ☐ ☐ _____ _____

Armes à feu:	
Balle:	Profondeur d'assise:
Poudre:	Céréales:
L'abécédaire:	
Laiton:	
Distance:	

Résultats globaux

☐ Mauvais   ☐ Juste   ☐ Bon   ☐ Excellent

Notes complémentaires

_____
_____

☆ ☆ ☆ ☆ ☆

Une idée de cadeau parfaite pour les débutants et les professionnels

Livre de données sur le tir sportif

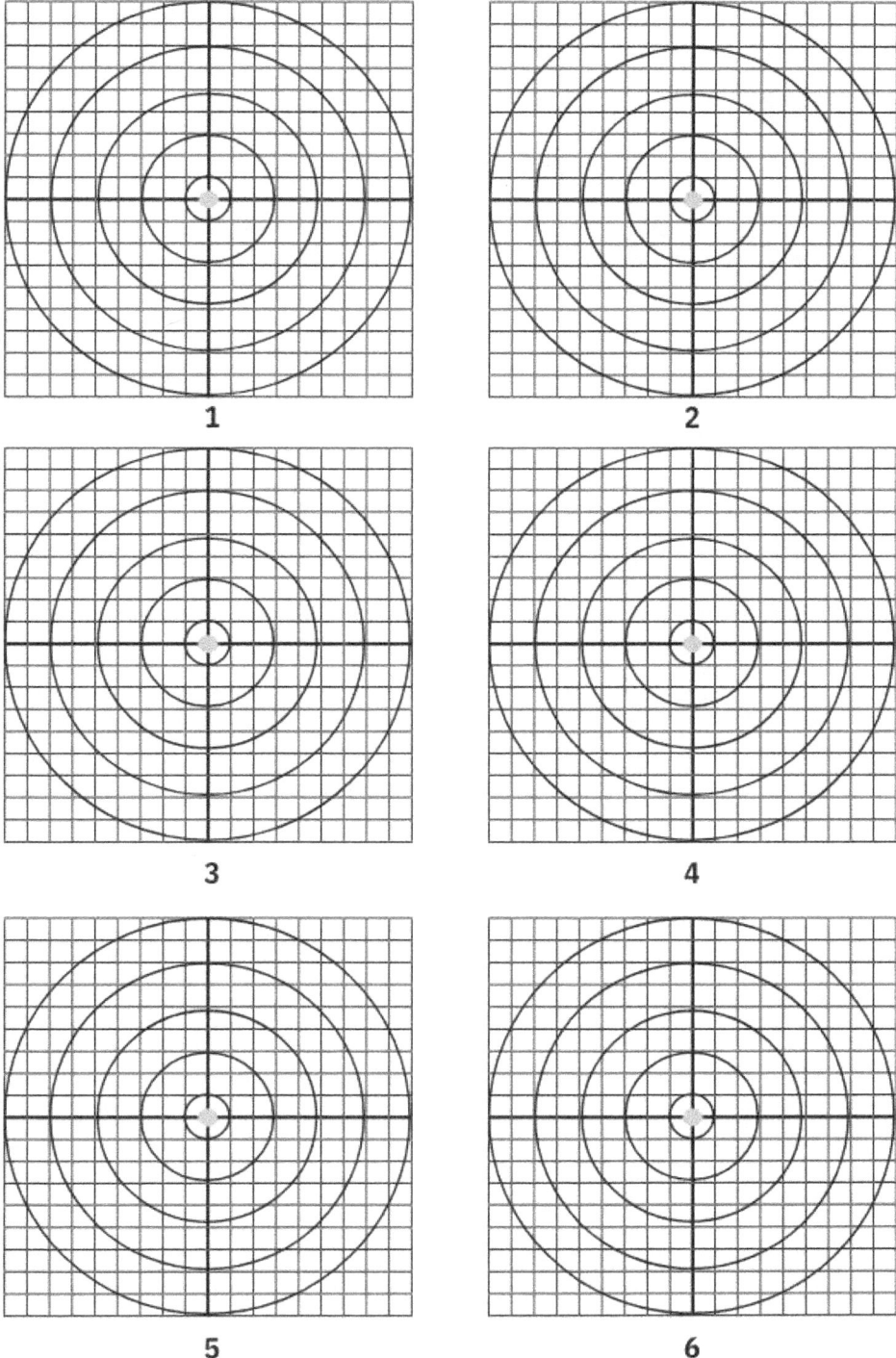

Une idée de cadeau parfaite pour les débutants et les professionnels

Livre de données sur le tir sportif

📅 Date: _____ 🕐 Temps: _____

📍 Localisation: _____

Conditions météorologiques

☀️ ☁️ 🌤️ ☁️ 🌧️ 🌨️ 🚩 🌡️
☐　☐　☐　☐　☐　☐　____　____

Armes à feu:	
Balle:	Profondeur d'assise:
Poudre:	Céréales:
L'abécédaire:	
Laiton:	
Distance:	

Résultats globaux

☐ Mauvais　☐ Juste　☐ Bon　☐ Excellent

Notes complémentaires

_____
_____
_____

☆ ☆ ☆ ☆ ☆

Une idée de cadeau parfaite pour les débutants et les professionnels

Livre de données sur le tir sportif

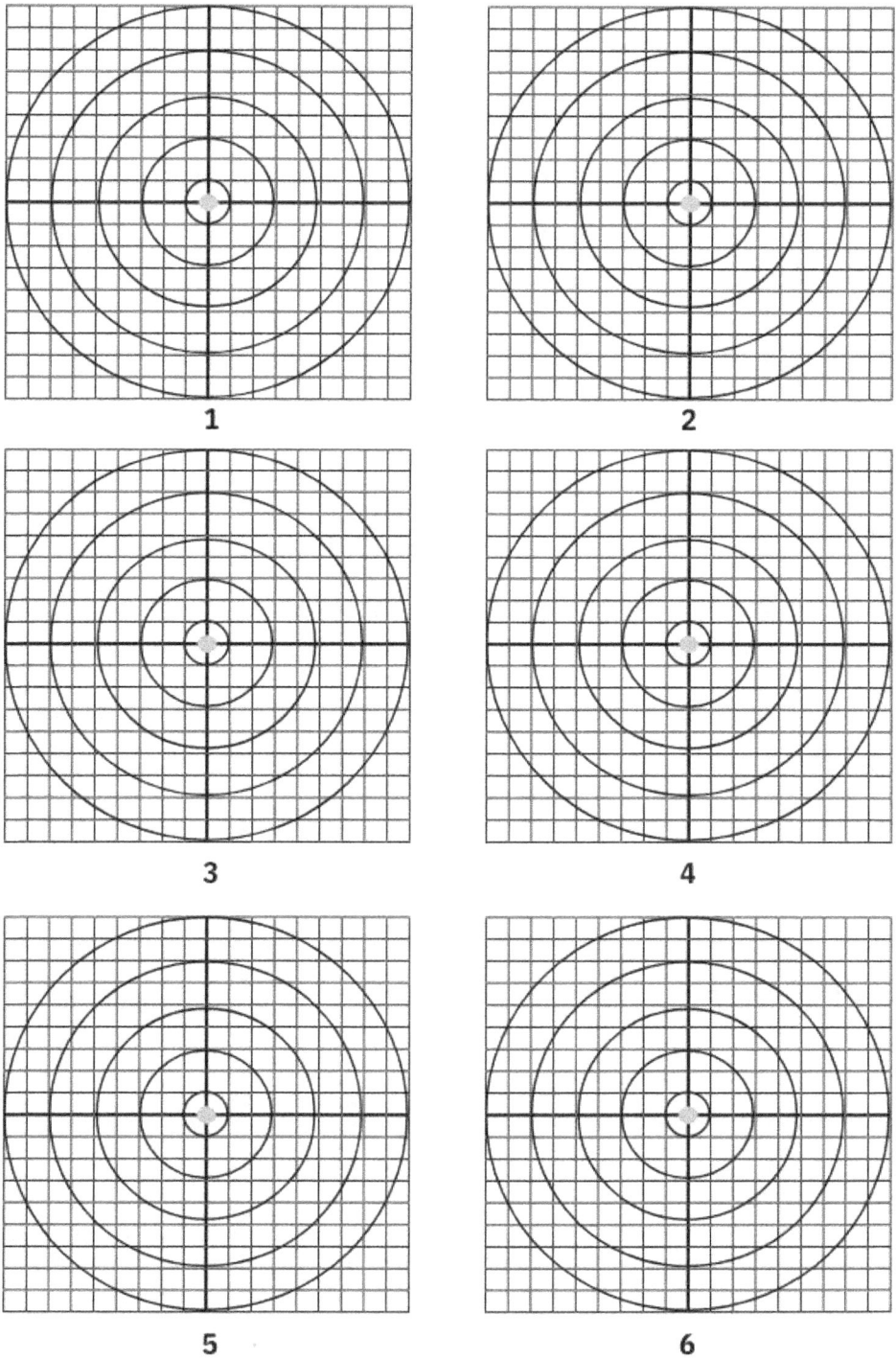

Une idée de cadeau parfaite pour les débutants et les professionnels

Livre de données sur le tir sportif

📅 Date: _____ 🕐 Temps: _____

📍 Localisation: _____

Conditions météorologiques

☀️ ☁️ ⛅ 🌥️ ☁️ 🌧️ 🌨️ 🚩 🌡️ _____
☐   ☐   ☐   ☐   ☐   ☐   ☐

Armes à feu:	
Balle:	Profondeur d'assise:
Poudre:	Céréales:
L'abécédaire:	
Laiton:	
Distance:	

Résultats globaux

☐ Mauvais   ☐ Juste   ☐ Bon   ☐ Excellent

Notes complémentaires

_____
_____
_____

☆ ☆ ☆ ☆ ☆

Une idée de cadeau parfaite pour les débutants et les professionnels

Livre de données sur le tir sportif

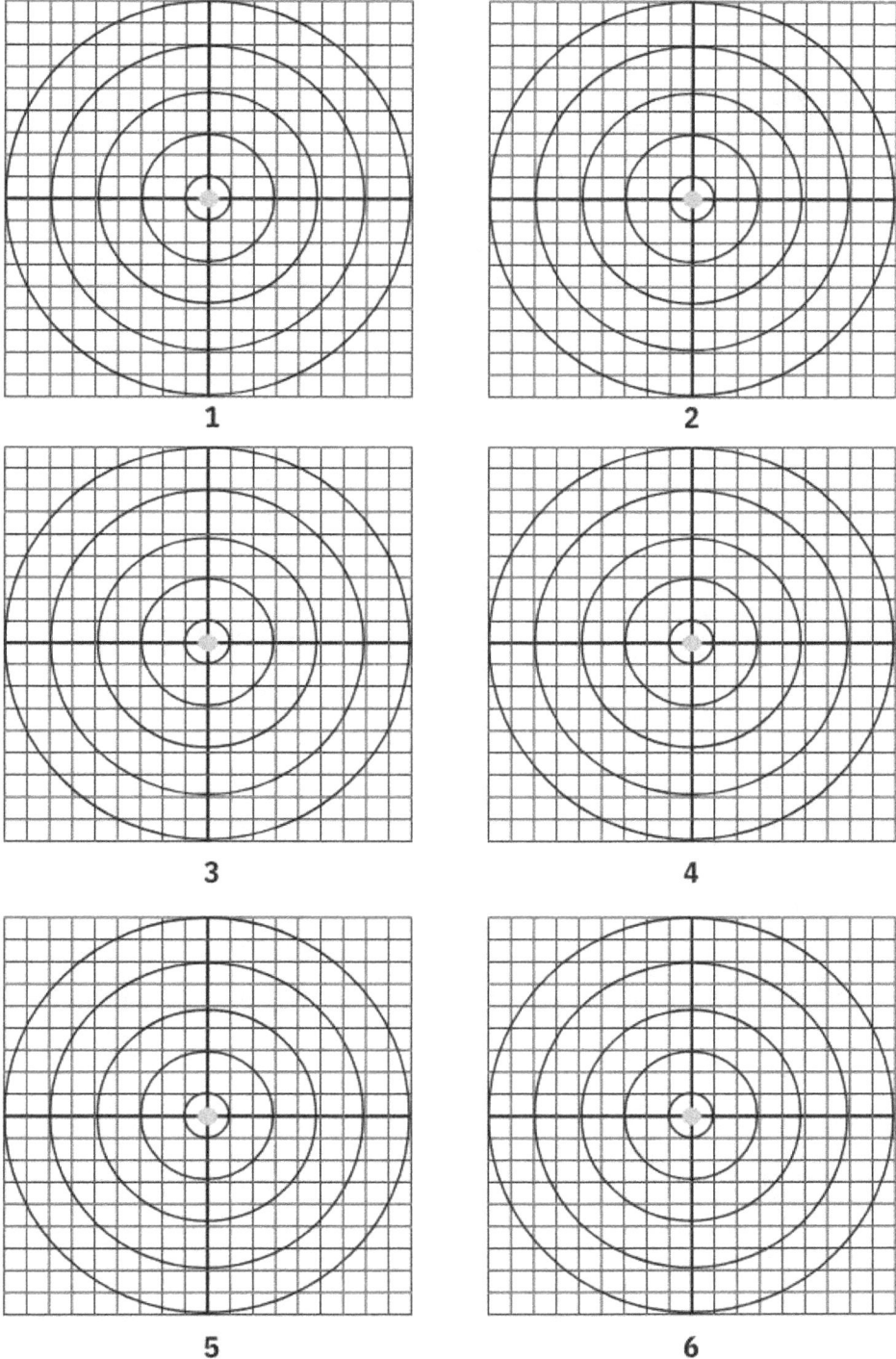

Une idée de cadeau parfaite pour les débutants et les professionnels

Livre de données sur le tir sportif

📅 Date: _____   🕐 Temps: _____

📍 Localisation: _____

Conditions météorologiques

☀️ ☁️ 🌦️ ☁️ 🌧️ 🌨️ 🚩 🌡️
☐   ☐   ☐   ☐   ☐   ☐

Armes à feu:	
Balle:	Profondeur d'assise:
Poudre:	Céréales:
L'abécédaire:	
Laiton:	
Distance:	

Résultats globaux

☐ Mauvais   ☐ Juste   ☐ Bon   ☐ Excellent

Notes complémentaires

_____
_____
_____

☆ ☆ ☆ ☆ ☆

Une idée de cadeau parfaite pour les débutants et les professionnels